国家社科基金重点项目
"精准扶贫精准脱贫机制路径和创新模式研究"(项目号：15AZD074)

【经济学学术前沿书系】

中国减贫政策与实践：热点评论

（2013–2016）

张　琦◎著

经济日报出版社

图书在版编目（CIP）数据

中国减贫政策与实践：热点评论：2013－2016／张琦著．--北京：经济日报出版社，2017.7

ISBN 978－7－5196－0165－2

Ⅰ．①中… Ⅱ．①张… Ⅲ．①扶贫－经济政策－研究－中国 Ⅳ．①F124.7

中国版本图书馆 CIP 数据核字（2017）第 169332 号

中国减贫政策与实践：热点评论（2013－2016）

作　　者	张　琦
责任编辑	杨　峭
校　　对	薛银涛
出版发行	经济日报出版社
社　　址	北京市西城区白纸坊东街 2 号（邮政编码：100054）
电　　话	010－63584556（编辑部）　63516959（发行部）
网　　址	www.edpbook.com.cn
E－mail	edpbook@126.com
经　　销	全国新华书店
印　　刷	北京九州迅驰传媒文化有限公司
开　　本	710×1000 mm　1/16
印　　张	11.5
字　　数	188 千字
版　　次	2017 年 7 月第一版
印　　次	2017 年 7 月第一次印刷
书　　号	ISBN 978－7－5196－0165－2
定　　价	42.00 元

前　言

2013年以来，中国扶贫开发进入到一个历史性阶段，尤其是新一届中央领导习近平总书记高度重视贫困脱贫工作，每年都要考察贫困地区并提出新要求和新部署，扶贫脱贫纳入到了国家优先解决短板的头等大事，并定位到扶贫开发事关全面建成小康社会，事关人民福祉，事关巩固党的执政基础，事关国家长治久安，事关我国国际形象。打赢脱贫攻坚战，是促进全体人民共享改革发展成果、实现共同富裕的重大举措，是体现中国特色社会主义制度优越性的重要标志，也是经济发展新常态下扩大国内需求、促进经济增长的重要途径，这个定位，从中国历史上都从来没有过的。

我很有幸从2005年就开始关注扶贫开发研究工作，对我国扶贫开发的历程和政策包括“整村推进”等一系列政策和民营企业参与扶贫脱贫进行调研研究，随后，在2008年开始，参与了四川汶川地震对贫困脆弱群体影响和恢复重建的社会效应评估研究以及贫困村防灾减灾与扶贫开发相结合机制研究等，从此开始了扶贫政策研究工作，并撰写了不少研究报告和论文。也引起了我对扶贫脱贫研究的兴趣，更激发了从事扶贫脱贫研究的激情。之后，我陆续参与了国务院扶贫办规划司，政策法规司，中国国际扶贫中心，中国扶贫发展中心，贫困地区干部培训中心和信息中心等多项课题研究工作，也承担了国家发改委有关贫困地区发展和十三五扶贫脱机制研究等研究课题。我收集到这本书里的内容主要是我从2013年到2016年4年时间里，每月针对扶贫脱贫政策和热点问题进行的一点评论。没有想到，从2013年开始的四年时间里，随感而发的这些评论，汇集起来竟然也有10多万字，我不敢将其做为多大研究成果呈现给大家，但作为一种心得的记录和扶贫脱贫政策历史见证，还是有一定收藏价值。所以，我就将其中部分内容进行了汇总，为了保持其原始记载，未进行大修改，保持了原有风格。评论也是按照年份月份依照时间进行排序，没有按照内容进行重新编辑。

目 录

2013年国内外减贫热点专题评论

绿色发展与绿色减贫

（2013 年 3 月国内外减贫热点专题评论）

绿色发展是近年来世界各国以及国际性组织关注和研究热门话题，也成为中国“十二五”规划和党的十八大以来党和国家领导以及各部委非常重视的主题，更成为各行业适应新形势新发展的战略议题，对于中国扶贫开发来说，也成为了近期以来研究讨论减贫战略的重要关注点，本文就“绿色发展”与“绿色减贫”热点进行国内外述评。

一、“绿色发展”与“减贫”成为世界关注的热点问题

伴随气候变化带来自然社会经济发展的新挑战，国际上从 21 世纪初就开始了一系列应对性研究探讨包括环境保护碳排放等国际谈判等，对此各国都给予了高度重视。绿色经济作为应对措施受到国际社会广泛关注。早在 2005 年召开第 5 届亚太环境与发展部长级会议（MCED 2005）上通过了“关于绿色增长的首尔倡议”。以此为契机，韩国开始大力推进绿色经济与绿色增长，将“低碳绿色增长”作为国家的长远构想。日本也在 2007 年将建设“低碳社会”“循环型社会”“自然共生社会”作为环境立国支柱。联合国环境规划署（UNEP）从 2008 年开始实施绿色经济倡议，绿色经济便成为一大全球性课题，美国、欧洲、日本、韩国等众多主要国家、地区相继推出了“绿色新政”，其核心在于通过对再生能源产业等绿色产业的大规模投资，刺激经济，创造就业。经济合作与发展组织（OECD）从 2008 年开始制定绿色增长战略，并将绿色增长作为其成立 50 周年的纪念主题。联合国环境规划署（UNEP）2011 年 2 月发表了绿色经济报告书（UNEP 2011）。作为世界达成统一共识的减贫，也成为最先开始讨论热点之一，其中绿色发展与减贫战略是其核心。联合国环境规划署发表的《面向政策制定者的综合报告》和“促成条件”中专门强调了《迈向绿色经济：通向可持续发展和

消除贫困的各种途径》。2012 年里约召开的联合国可持续发展大会（UNCSD）的主题之一就是“可持续发展和消除贫困背景下的绿色经济”。可以说，绿色经济、绿色发展与减贫新战略已经成为世界进行政治、经济和外交等关注、交流与合作的热点，日益受到各国所重视。

二、“绿色发展”与“绿色减贫”也成为中国目前关注重点之一

中国政府非常重视绿色经济发展。最近几年相继提出的为“建成小康社会”目标而实施的“发展方式转变”“包容性增长”“低碳经济”“循环经济”“可持续发展”等等，都是国家战略性转变。于 1992 年成立的“中国环境与发展国际合作委员会”，是一个由中外环发领域高层人士与专家组成的、非营利的国际性高级咨询机构，现任主席为国务院总理李克强，执行副主席为环境保护部部长周生贤和加拿大内阁环境部长肯特。2012 年年会主题就是“区域平衡与绿色发展”。“党的十八大”已经将绿色发展提升到了生态文明建设新高度，反映出党和国家对绿色发展的高度重视和发展战略新认识。尤其是近几年来，国家和有关部门等提出“绿色新政”包括“绿色财政”“绿色交通”“绿色建筑”“绿色经济”“绿色产业”“绿色食品”“绿色生态金融”“绿色 GDP”等都是绿色发展战略的重要组成部分。近年来，据不完全统计，我国各行各业举办的与绿色发展有关高层论坛数十次之多。出版有关绿色发展的专著也相继不断增多，最有影响的是以著名经济学家李晓西教授组织的北京师范大学科学发展观与经济可持续发展研究基地与国家统计局经济景气中心等机构联合，从 2010 年到 2012 年连续三年出版了“中国绿色发展指数报告”并英文出版，在国内外产生了重大影响。而与绿色发展最紧密的“扶贫开发”也成为国家关注的热点和重点之一，并被纳入到了重要目标之一。如“绿色发展与减贫”“绿色贫困”“绿色扶贫”等等，都成为各级政府、理论工作者和实践工作者研究探索的重点和关注点之一，并有相当多的研究成果和实践探索创新。第一、“绿色贫困”包括了绿色资源匮乏型贫困、绿色资源富足型贫困和混合型贫困三种类型。第二、“绿色发展”促扶贫开发主要表现在，它是消除“绿色贫困”合理性选择，绿色经济发展是一种可持续发展扶贫战略，是有利于穷人经济增长和发展的新模式，也是实现新时期扶贫攻坚战目标的必然选择。“低碳扶贫”，开发农业 CDM 项目、设立财政低碳扶贫专项、开发多边低碳扶贫模式、帮助贫困地区开展 PCDM 项目多元碳金融体系、碳汇产业、生物质能产业、有机农业等低

碳产业规划、有机农业、生态旅游、保护性耕地补偿、农业节水补偿、退耕还林、民间低碳发展基金等相继在全国部分贫困地区推出。

三、启示与简要评论

从国内外绿色发展及减贫战略热点我们可以得出如下启示：

1. 绿色发展已经成为未来世界各国发展战略趋势和潮流，并成为国际合作交流的重要共识和热点。尽管存在着制度、文化、区域和经济发展程度等的差异，但社会经济发展的实践证明，绿色发展已成为现在和未来世界各国发展战略趋势和潮流，在这方面的合作也将在日益增多。

2. 适应中国绿色发展和生态文明建设战略需要，构建中国减贫新战略即“绿色发展战略”也成为中国扶贫开发的重要议题，也是实现集中连片特殊困难地区扶贫主战场的一项重要选择。从党和国家领导的日益重视，从国家建成小康社会目标和实现发展方式转变的战略性转变实践和部署政策来看，绿色扶贫战略的构建和实施是大势所趋，也是扶贫开发事业未来重要的突破口。

3. 集中连片特殊困难地区的区域发展和扶贫开发离不开绿色发展的强力推动，在我国现有“三位一体”大扶贫格局下，尤其是正在制定和积极推进并开始实施的片区发展规划中，以绿色发展为主体的新型扶贫战略部署即“绿色扶贫”成为实现新十年扶贫战略规划目标的重要选择。

4. 开展十四个片区绿色发展和绿色减贫战略研究和实践探索，会强有力推动集中连片特殊困难地区在区域发展和扶贫开发战略目标双重目标的实现。扶贫开发是一项系统工程，需要构建大扶贫格局，更需要国家和地方积极配合与支持，为此，建议扶贫办与有关研究机构尽快就我国十四个片区的减贫与绿色发展开展专项研究，包括：连片特困地区减贫与绿色发展年度报告，构建连片特困地区减贫与绿色发展评估测度综合和专项指标体系，每个片区减贫与绿色发展晴雨表，十四个片区年度减贫与绿色发展专题研究报告。一方面可为国务院扶贫办指导片区扶贫开发政策决策参考，另一方面也可为片区减贫和区域绿色发展提供指导。

总之，绿色发展是新时期中国社会经济战略重点，而绿色扶贫则是可持续扶贫重要保证，中国扶贫面临很多新挑战和新矛盾，开展绿色经济与绿色扶贫将成为目前和未来相当长时间内热点，理论工作者和实际工作者们不断去探索和创新是非常必要的迫切需求。

新型城镇化与减贫

（2013 年 4 月国内外减贫热点专题评论）

纵观世界各国社会经济发展历史轨迹就不难看出，城镇化是历史发展必然趋势。无论是欧美发达市场国家还是非洲及拉丁美洲，或者是新兴国家的发展无不都经历过或正经历着城镇化演变，而伴随着这一推进过程，也是消除贫困的过程。虽然发达国家已经完成了城镇化，但是，贫困依然存在，只不过是相对贫困。发展中国家正在经历城镇化历程变化，一方面是贫困的减弱，另一方面是新的贫困产生。落后国家则处于城镇化启动初期，贫困依然很严重。因此，城镇化与减贫是紧密相连。

一、城镇化成为当前中国社会经济发展最关切的热点

未来中国经济改革怎样走？推进新型城镇化思路成为新热点。2013 年召开的全国人民代表大会关于城镇化建议和提案超过 500 多件，对城镇化关切度可见一斑。而从中国国务院总理李克强在 2013 年 3 月全国人民代表大会后会见记者时对新型城镇化论述也足见政府对城镇化改革高度重视。他指出："城镇化是现代化的必然趋势，中国城镇化其规模之大为人类历史所未有，不仅对中国的发展很重要，而且会影响世界，城镇化不仅可以带动巨大消费和投资需求，创造更多就业机会，其直接作用还是富裕农民、造福人民"。而李克强总理的这些论述，其实是他多年以来长期都关注的折射。如：2009 年 12 月李克强在广东考察时强调"把积极稳妥推进城镇化作为应对国际金融危机、扩大国内需求和调整经济结构的重要抓手，为经济长期平稳较快发展开拓新空间，为社会主义现代化建设增添新动力"。2010 年 6 月李克强在上海时表示"我国是一个发展中大国，最大的内需在城镇化，促进发展最大的潜力也在城镇化。我国城镇化提升的空间还很大，推进城镇化必将有效拉动市场需求，显著提高人民生活

水平”。2011 年 12 月 15 日李克强在全国发展和改革工作座谈会上讲话时表示“扩大内需的最大潜力在于城镇化。农村还有相当数量的富余劳动力，城镇化蕴涵的内需潜力巨大”，2012 年 7 月李克强在武汉就说：“城镇化是内需最大潜力所在，是经济结构调整重要依托。”

著名经济学家，前世界银行副行长首席经济学家林毅夫在很多场合提出“中国的城镇化发展与改革将会推动经济增 8% 至少 15 年”。著名经济学家，中国宏观经济学会秘书长王建在 2010 年就提出“可以大胆推测，中国未来改革发展将会在新型城镇化发展上推出实质性改革政策。城市化可保中国经济 20 年内年均增长 9%。他做出个人测算指出，比如从 2000 年以来到 2007 年，中国真正的城市人口增加了 1 亿。同时，城镇投资增加了 52 万亿元，每新增一个城市人口可以增加 52 万元的固定资产投资。因为现在城市人口的消费是农村人口的 3.3 倍，所以每增加一个城市人口就可以增加 3.3 倍的人均消费。他表示，如果我们有三分之二城市人口，增加的消费品零售额是 9 万亿元。到 2030 年人口高峰 15 亿的时候，如果有 85% 的城市化率，就有 12 亿的城市人口，比现在增加了 8 亿。如果这 8 亿分配在未来 20 年里面，大概就是平均每年新增 1000 万个中国城市家庭和 4000 万个城市人口，可以拉动固定资产投资和消费品零售额每年不会低于 30 万亿”。北京大学姚洋教授说“城市化每提高一个百分点，国内消费就增长大概 0.92%，如果中国提高到菲律宾城市化水平，国内消费将要增长近 15%，城市化远远不止 13% 或 14% 的影响”。我国著名学者费孝通早在 20 世纪 80 年代就提出过“小城镇，大问题”的观点，这里“大问题”，就是小城镇在中国经济社会中的重要作用。

二、新型城镇化将给我国扶贫开发带来什么？

中国正处在“城市化水平为 30%—70% 的加速发展阶段。究竟是选择”以工业化为直接推动力的英国模式，还是选择以商贸与制造业为直接推动力的美国模式，或者是亚太模式，或者拉美和加勒比地区模式还是非洲模式呢？对此，目前比较一致看法是走新型城镇化模式。

什么是新型城镇化呢？李克强总理强调“新型城镇化，是以人为核心的城镇化。现在大约有 2.6 亿农民工，使他们中有愿望的人逐步融入城市，是一个长期复杂的过程，要有就业支撑，有服务保障。而且城镇化也不能靠摊大饼，还是要大、中、小城市协调发展，东部、中部、西部地区因地制宜地推进。尤为重要的是，新型城镇化必须和农业现代化相辅相成，要保住耕地红线，保障粮食安全，保护农民利益”

从这里就可以看出，新型城镇化在减贫中的效用主要体现在改变过去城镇化将贫困人口排除在外的二元发展模式，消除和减少城镇化旧有模式的弊端，例如：城镇化过程中的农村土地大量占用，农民利益受到侵害，失地农民的利益难以得到保障，农村贫困问题依然很严重，城乡差距依然很大。农民工在城市中的利益无法保证，将农村贫困转移到了城市贫困。即过高的城镇化“虚高”又加剧了农民贫困和城市贫困。因此，新型城镇化是一个复杂系统工程，会带来经济和社会深刻变化，需要各项配套改革去推进。

新型城镇化将会给扶贫开发新的机遇和挑战。机遇表现在：新型城镇化将会加快贫困人口转移的质量和数量规模。将会加大农村社会保障力度，从而促进扶贫开发与社会保障“双轮驱动”的效果，逐步解决留守儿童、老人妇女及其他弱势其脆弱群体的生活保障难题；将会提升贫困地区农民工在城市就业、生活质量和社会保障水平，进而延长和增强城市就业稳定性。新型城镇化能够促进农业现代化和城乡一体化进程，从而达到贫困地区城乡协调发展。新型城镇化，强调以人为本，必然要在户籍制度和土地制度方面寻求改革突破，从而解决和改变失地农民的利益保障。与此同时，也改变城乡不公平的土地制度。可以说：城镇化在贫困地区农业发展中的贡献与反哺作用更强。城镇化在贫困地区乡镇工业发展中交替与互推的作用最明显，城镇化在贫困地区市场发育中的拓展与完善作用最直接。城镇化在贫困地区解决剩余劳动力中吸收和转移的作用最直接。小城镇在贫困地区实现农村脱贫与小康中带动与示范的作用最有效。小城镇在贫困地区的区域经济发展支撑作用最持久。

当然，新型城镇化，也会带来贫困地区区域经济发展和扶贫开发的新挑战。一、新型城镇化的各项改革方案尚未全民启动，政策推进也可能经历一个试点推进过程，贫困地区的天然条件和劣势使得其进入改革试点的机会较少，改革探索机会不多。二、新型城镇化在贫困地区效应一般要低于非贫困地区，从而影响到贫困地区在城镇化政策上的倾斜和优惠，而贫困地区往往需要特殊性、差异性政策才会有真正效果，例如贫困地区小城镇建设的成本大大高于其他地区。三、新型城镇化改革不仅需要国家整体推动，还需要地方政府的积极响应和支持，而贫困地区由于财力有限，往往难以主动性推进，从而表现出滞后性，往往失去超前性效应机会，即很容易失去“改革红利”探索的超前分享。四、新型城镇化的政策改变，将会带来社会经济和区域的大变革，贫困人口的承受能力和适应能力往往较低，政策变化运用能力不强，往往在市场竞争中处于不利地位。

三、启示及建议

无论从中国经济社会发展需要还是新一届政府关注程度，中国新型城镇化改革已经列入议程，目前可能正处在政策设计调研的准备阶段，全面的改革方案可能会在 2014 年后逐步启动，未来必然会遇到很多困难和矛盾，改革也不会一帆风顺，但改革迫在眉睫，因此，扶贫开发也将面临着新的机遇和挑战，为此需要做好前期的研究和政策设计。尤其是要加大以下几个方面的研究和政策设计工作：第一、研究和探索中国新型城镇化可能的新政策方案。第二、研究和探索新型城镇化给贫困地区和扶贫开发政策带来影响和挑战，提早研究和制定政策调整思路。第三、提早组织力量研究贫困地区城镇化的特殊性和差异性，并据此提出贫困地区新型城镇化的政策建议和思路，为中央在制定新型城镇化政策时充分考虑贫困地区特殊性和特色，以有利于贫困地区扶贫开发和城镇化发展。第四、以重点研究和探索集中连片特殊困难地区城镇化为突破口，提出综合性政策建议，即新型城镇化改革试验区，从而探索配合连片特困地区主战场规划实施的新型城镇化模式。研究和突破重点建议集中在探讨连片特困地区的城镇化特色规划包括连片特困优先发展县城镇和县（市）中心镇重点，做好连片特困地区乡镇绿色产业布局规划、探索连片特困地区各项改革试点包括户籍管理制度改革试点、深化土地制度改革试点、社会保障制度改革试点、小城镇投资体制改革试点和行政区划管理体制改革试点等。

民族发展与减贫

（2013 年 5 月国内外减贫热点专题评论）

民族地区贫困与反贫困是民族发展的重要问题，但民族发展又是一个难度很大、很复杂的社会经济文化问题，更是一个国家社会政治经济制度问题，21 世纪以来，民族发展问题已经影响到整个国际格局，也成为世界各国和国家内部矛盾冲突多发点，因此，世界各国都给予了高度重视，加强民族发展与减贫研究和实践探索，显得极其重要。

一、中央和各级政府高度重视民族发展与减贫问题

自 2000 年以来，中央和国务院高度重视民族发展，定期召开中央新疆工作座谈会、中央西藏工作座谈会、中央民族工作会议等，先后制定了多项民族区域发展规划，如 2011 年国家民委、国家发展改革委、财政部、中国人民银行和国务院扶贫办联合编制并实施《扶持人口较少民族发展规划（2011–2015 年）》也曾提出“中国 – 喀什经济特区”建设设想，出台并批准了《“十二五”支持西藏经济社会发展建设项目规划方案》《国务院关于进一步促进内蒙古经济社会又好又快发展的若干意见》《国务院关于进一步促进宁夏经济社会发展的若干意见》《国务院关于进一步促进广西经济社会发展的若干意见》，国家批准实施了广西北部湾经济区发展规划、国务院扶贫办将西藏、四省藏区、新疆南疆三地州也纳入集中连片特殊困难地区发展规划编制，作为中国未来十年扶贫攻坚的主战场。

二、民族发展与减贫取得长足进步，但任务依然很艰巨

目前，我国民族地区的贫困问题依然严重。按照新贫困标准，2006–2010 年，民族自治地方农村贫困人口占同期全国农村贫困人口的比重分别为

44.5%、52.2%、52.5%、54.3% 和 38.5%，民族自治地方贫困人口占全国贫困人口的比例从 2006–2009 年呈逐年增加的趋势。2006–2010 年民族自治地方的贫困发生率分别是 18.9%、18.6%、17.6%、16.4% 和 8.7%，逐年有所下降，但与全国同期 6.0%、4.6%、4.2%、3.6% 和 2.8% 的贫困发生率相比，仍然高出 12.9、14.0、13.4、12.8、5.9 个百分点，民族自治地方的贫困发生率远远高于全国同期的贫困发生率。

三、民族发展与减贫的关键是分析其贫困特殊性和反贫困差异性

中国是一个多民族国家，少数民族以其独特文化成为中华文明重要组成部分。首先是民族文化的特殊性，不仅表现在传统文化、语言文字、生活习惯、宗教信仰、思想观念、思维方式等方面，而且因为中国 56 个民族，少数民族间也有其自身的差异性，再加上在区域分布上的不同和聚集区上的差异性，从而呈现出在反贫困模式、方式以及扶贫开发效果上的巨大差异性。民族贫困地区的自然社会和人文特殊性，是整个民族地区特殊类型贫困最根本的基础。

研究民族地区的贫困问题，归根结底要落实到民族地区的反贫困问题上来，突出强调民族贫困地区在文化上的差异性和特殊性，是为了扶贫开发工作寻找到更有力的切入点。提高民族地区居民收入水平、改善生活和生产条件，完善社会保障体系，提升文化教育、专业技术和技能等综合素质，分享改革成果，提高生计能力，促进民族地区经济社会发展是民族地区反贫困的必经之路，但应以尊重少数民族地区特殊性为前提，而不能仅简单的采用灌输“先进文化”的做法。在扶贫开发工作中如何引导和发扬少数民族的特殊性，扬长避短，这是新时期扶贫开发的关键。已有的研究成果显示，中国各主要民族多维贫困发生率之间存在明显差异，最高的藏族达到了 84.04%，最低的土家族则是 43.65%。如果把至少处于一个维度的贫困定义为多维贫困，则主要少数民族多维贫困发生率依次是藏、回、彝、布依、苗、侗、维吾尔、壮、土家族。因此，中国的民族地区贫困问题不仅突出，而且各族之间也有很大差异，因此，制定和实施“亲民族”扶贫项目，提高扶贫政策“益民族”效果是关键中的关键。

四、更加重视民族发展与减贫十分必要且更加迫切

实践证明，不了解民族地区贫困的特殊性及差异性和反贫困的特殊性，无疑会引起少数民族同胞心理上的疏远、认知上的反感、行动上的抵触和抗拒，甚至出现冲突与矛盾。我们必须提高传统观念较强的少数民族对扶贫开发、甚至对国家的理解和认同感。以少数民族视角进行思考，探寻一条更具有广泛共识、包容性扶贫开发模式和方法。为此建议：第一、加强与国家民委的合作。充分利用“十四个片区区域发展与扶贫攻坚规划”推进中部委联系制度机会，加强国务院扶贫办与国家民委在民族发展与减贫合作，以武陵山区扶贫为试点，进行综合试点，探索民族地区区域发展与扶贫开发的新模式、新方式、新思路。第二、加强对中国民族地区特殊类型贫困与反贫困研究成果资料库建设。收集、整理、归纳、总结和全面分析评价国内外民族地区特殊类型贫困与反贫困研究历史文献和最新成果。第三、研究中国民族地区特殊类型贫困现状、分布及其特点。从总体上把握中国民族地区贫困程度、强度、区域分布和不同民族地区的不同贫困现状及差异性和特殊性。第四、研究分析中国民族地区特殊类型贫困的主要因素和根源。剖析民族地区贫困的历史、环境、区位、经济、制度和文化，明确地分离共性致贫因素和特性致贫因素。第五、开展中国民族地区特殊类型贫困的反贫困模式及其效应综合评价。通过构建评价体系，研究评价我国目前的产业扶贫、整体推进扶贫、社会扶贫、城镇化扶贫、社会保障、文化产业扶贫、绿色发展扶贫在民族地区的效应。第六、研究新时期中国民族地区特殊类型贫困的扶贫开发战略和政策。

产业化发展与减贫

（2013 年 7 月国内外减贫热点专题评论）

中国扶贫开发取得举世瞩目成就的关键因素之一就是通过构建和创新符合本地区产业化发展的模式，促进减贫效应可持续推进，增强贫困地区和贫困人口的收入就业和生计能力全面提升，中国扶贫探索出的经验和成果也获得了世界各国的推崇。新十年扶贫规划和国家确定的 14 个集中连片特困地区的区域发展与扶贫攻坚规划中，产业发展是重要内容。

一、产业化扶贫是实现国家区域发展战略的重要举措

缩小城乡和区域间收入差距是新阶段中国推进均衡区域经济发展战略的重要改革内容，其关键就是城乡间就业社会保障的均等化和城乡产业融合发展，其中，产业发展是在贫困地区尤为重要。区域经济发展带动扶贫攻坚，扶贫攻坚促进区域经济发展。中国要实现建成小康社会的目标，取决因素并不是城市发展和发达地区经济增长有多快，而是农村发展和农村小康实现程度如何，也就是贫困地区能否实现完全的脱贫并达到小康目标。而要实现贫困地区攻坚目标和小康目标的关键是产业化扶贫持续性效果如何。从这个意义上来说，产业扶贫在一定程度上实际就是实现国家区域发展战略的重要举措。

二、高度重视产业扶贫模式中面临的主要问题

产业扶贫是在我国长期扶贫开发实践中逐步形成的专项扶贫开发模式之一。从 20 世纪 80 年代中期以来，我国一直坚持产业扶贫模式，它以投入少、见效快和相当的灵活性、多样性与适应性被贫困地区广泛采用。一个贫困社区、一个贫困村落因为找对了、发展对了某种产业而脱贫致富的例子屡见不鲜。但实施过程中的主要问题是：第一，重产业化轻扶贫的倾向需要扭转。第

二，产业建设中有“产”无“业”的现象需要改变。第三，降低和防范贫困地区产业发展风险问题亟须解决。第四，产业扶贫中的瞄准性问题仍需进一步改进。第五、产业扶贫项目选择的群众参与性还需继续加强。第六、产业扶贫与发挥当地区域自然社会经济特色和优势相结合方面需要持续关注。第七、鼓励产业扶贫中社会力量积极参与机制需要进一步完善。第八、产业扶贫资金需要国家扩大规模。

三、积极应对新形势下产业扶贫面临的新挑战

集中连片特殊困难地区面临着自然生态环境脆弱性、经济发展脆弱性和社会管理脆弱性，以及区域间自然经济社会差异性、民族文化多样性等挑战，产业化扶贫也同样面临着政策制定和实施过程中针对性、可行性和效果的差异。尤其是如何提升产业化发展在贫困地区和贫困人口中的精准度，构建高效持续的产业化扶贫资金机制，探索和创新产业化发展有效的金融扶持模式和社会参与模式，构建贫困地区的生态脆弱区特色种养产业，持续提升收入的产业化组织、实施机制以及考核、监测、评估机制等等，都是未来产业发展与减贫面临的重要任务。

四、重点关注新形势下产业扶贫政策研究重点

第一，提高产业扶贫项目目标瞄准性政策研究。建立一个行之有效的目标区分识别政策体系是产业扶贫工作的先决内容。没有有效运作的目标区分识别政策，就无法区分贫困户与非贫困户，尤其是在片区区域发展和扶贫攻坚中，产业化发展必须强化对贫困户和贫困人口瞄准性。第二，加强对不同人群基本生产扶持政策和产业发展政策两个层次的研究。第三、继续实施对公平合理转移支付政策的研究。尤其是关于全方位进行资源整合与参与产业化扶贫政策的研究。第四，进一步加大对产业可持续政策支持的研究。促进地方传统生计方式产业化科学发展。第五、地方特色产业扶贫发展的选择和实施研究。产业化项目要更因地制宜，充分利用地方可持续资源，凸显地方在扶贫发展中的主观能动性。第六，加强产业化扶贫政策在提升基层社区民众自我发展能力方面的研究新型城镇化将会给扶贫开发新的机遇和挑战。

失地农民与减贫

（2013 年 8 月国内外减贫热点专题评论）

2012 年，中国城镇化率已超过 50%，按照国际经验，城镇化率在 30%—70% 是处于城市化快速发展期。城镇化过程是土地、产业和人口城镇化的融合推进，而土地城镇化是基础。但伴随城镇化的过程，必然会出现大量农地被征用，部分农民将会因为身份变化、就业变化的调整而失去赖以生存的基础，出现特殊性的贫困群体，因失地而贫困也成为国家扶贫的重要内容，2013 年后，我国将会进一步加快新型城镇化的改革步伐，为此，减少和防止失地农民的贫困问题，显得非常重要。

一、失地农民的贫困问题成为我国改革发展面临的重要挑战

从经验数据来看，一般来说，每征收 1 亩耕地，就会产生 1.5 个失地农民。随着耕地面积减少，失地农民数量会逐年递增。据有关专家研究表明，2004 年，全国失地农民总数估计在 4000 万人左右，截至 2012 年中国失地农民人数约在 7500 万左右，未来每年将新增失地农民约 300 万人，估计 2020 年失地农民总数将接近 1 亿人左右。而在这失地农民中，约有 20%—30% 的失地家庭处于贫困状态，有 15% 左右的家庭在失地 3–4 年后因为城镇就业不稳定，不得不游离于城市和乡村之间，出现返贫现象，从而也带来一系列社会问题。据中国社会科学院对上访农民的问卷调查显示，在 632 份有效问卷中，涉及农村土地问题的有 463 份，占有效问卷的 73.2%。在农村群体性突发事件中，有 87 起是因土地而发生警民冲突，占总数的 66.9%。从地区分布看，失地农民问题已从东部沿海发达地区扩散到中、西部地区。可见，失地农民问题已成为当今社会的一个焦点问题，直接关系到经济的持续发展和社会的和谐稳定。

二、失地农民贫困的多重差异性

失地农民贫困存在着不同的类型和特点。从类型来看，有延续型贫困，即在征地前生活就处于贫困之中，如老、弱、病、残家庭，征地后因为得到的补偿款有限而贫困；有人力资本缺乏型贫困，即由于大多数失地农民受到的教育很少，因就业困难缺少收入来源导致其生活贫困；有好逸恶劳型贫困，即在部分农民中的确存在所谓的贫困文化，得到补偿费后，因坐吃山空而导致贫困等等。失地农民贫困具有以下特点：第一是继发性和被动性特点，即土地被征收以后而导致贫困。在城市化过程中，农民没有选择权利，被动地卷入城市化进程中，又被动地陷入贫困。第二是同质性和群体性特点。土地被征收和在城市中人力资本的缺乏而导致贫困。并因各地集中安置失地农民，即征地后仍然居住在一起，呈现出群体性特征。第三是积累性特点，即贫困失地农民的代际复制及贫困失地农民规模不断扩大。第四是边缘性、区域性特点，即失地农民大多数生活在大中城市的边缘地带或某个区域。

三、失地农民贫困的主要原因

土地对于农民来说，不仅是农民集体所有的生产资料，而且是许多农民生存、发展和保障的重要基础。因此，农民失去土地并不是单纯失地，失地使农民面临失业、养老、最低生活保障等各种风险：

（1）失地农民失去稳定的就业机会，增加了市场风险。失地农民在向非农产业转移的过程中，除少数人能利用城区发展带来的商机经商办企业外，大多数失地农民难以找到新的就业岗位。农民失地意味着失去了最基本的就业岗位，也就失去了最基本的生活保障。

（2）失地农民失去低成本生活方式。显然，农村生活成本要远远低于城镇，失地农民最终将有可能成为新一代城市贫民。

（3）失地农民失去生活保障。土地不仅是重要生产资料，而且是农民的基本保障。失去土地的农民成为一个处于城市和乡村、农民和市民夹缝中的特殊群体。

（4）土地补偿费用过低。相对于失地后的新环境适应以及它的新用途变化带来的收益比较，农民补偿金是很低的，这也是失地农民贫困的重要原因之一。

四、失地农民贫困问题的重点方面

第一、首先要加强对土地征用规范化法律制度改革，尤其是在完善农村土地产权关系，保障农民土地权益，体现对农民集体土地财产权法律权能几个方面。完善土地征收补偿机制，提高土地补偿标准，要充分考虑农民失地风险不仅是土地及其附着的直接损失，还要考虑土地对农民的社会保障功能，合理分割土地用途转移增值。研究和探索多样化补偿方式，提供多形式保障，如土地入股、留地安置补偿、替代地债券补偿方式等等。第二、探索失地农民多样化社会保障方式，加大失地农民的社会保障力度。但在实际工作中，要克服社会保障与土地补偿的混淆，社会保障不能替代土地补偿。第三、积极研究和探索失地农民的就业新渠道新方式。第四、研究和探索失地农民参与产业发展，通过参与产业带动农民家庭脱贫和致富。第五、加强研究和探索解决新型城镇化改革过程中失地农民贫困问题的新方法和理论。

城乡一体化与减贫

（2013 年 10 月国内外减贫热点专题评论）

2013 年 10 月 17 日是第 21 个世界消除贫困日，中国国务院扶贫办与联合国驻华系统共同举办了主题为“城乡一体化与减贫”的“减贫与发展高层论坛”。中国国务院副总理、扶贫开发领导小组组长汪洋出席开幕式并代表中国政府致辞。中国政府和联合国相关机构官员等参加论坛并讲话，联合国秘书长潘基文向大会发来贺词。包括诺贝尔经济学奖得主罗伯特·蒙代尔、北京大学光华管理学院名誉院长厉以宁等知名学者在内的 300 多位代表参加了这次论坛。本次大会主题确定为“城乡一体化与减贫”，既反映了国际减贫发展新动向，也体现了中国当前和未来减贫政策趋向。同时，也展示了中国在推动城镇化和城乡一体化发展中，积累的减贫实践经验。

一、城乡一体化发展是推动减贫的重要动力

贫困多发生在农村，在社会经济发展城乡差异较大的时期尤为明显。因此，推动城乡一体化发展，就成为各国在消除贫困和减少贫困方面的重要政策选择。中国政府历来重视城乡一体化发展工作，正像汪洋副总理在“减贫与发展高层论坛”致辞中指出那样“中国将坚定不移地走新型城镇化道路，有序推进农业人口转移，促进经济社会持续健康发展。新型城镇化将更加重视解决城镇化问题，更加重视城乡一体化，更加重视区域协调发展。中国将加快推进贫困地区基础设施建设和城镇化步伐，让更多的贫困人口充分享受工业化、城镇化的成果”。可以说，城乡一体化发展是减贫的重要动力之一，这体现在：

第一、城乡一体化发展，不仅可以促使城乡间社会经济发展间差距缩小，更重要的是通过城乡一体化发展，使农村和农民获得更多发展机会，获得与城市同等权利。正像联合国秘书长潘基文在“减贫与发展高层论坛”会议贺词中

指出“各成员国在谋求发展的同时，应该更多地关注弱势贫困人群，使他们也能参与到经济社会发展中来，分享现代文明的成果”。在中国，城乡一体化发展，就是要让农民享受与城市居民同等的由改革带来的红利。

第二、城乡一体化发展，可以形成城乡产业、市场、资源配置等各种要素之间的均衡和协调发展，城市带动农村、工业反哺农业的合理体系。

第三、城乡一体化发展，可以提升贫困户的生计能力和发展能力，建立高效的减贫机制。正如中国国务院副总理、扶贫开发领导小组组长汪洋在“减贫与发展高层论坛”提出的“中国致力于建立一个强大的机制，以此为框架消除贫困，实现可持续发展”，也就是一种可持续减贫机制。

二、中国城乡一体化发展必须以减贫为重要目标之一

城乡一体化发展，是新时期中国改革开放重要战略目标之一。在实现这一战略目标过程中，必须解决好各种问题和矛盾，而贫困问题是其中重要目标之一。首先，要解决好城乡经济发展差距与收入水平差距之间的矛盾。在推进城乡一体化发展中，人们往往更多的关注经济发展，比如 GDP 的增长速度，而往往忽视了收入增长，导致经济高速增长，收入水平却低速增长甚至负增长，这在贫困地区尤其突出。其次，要解决好贫困人口与非贫困人口之间的差距问题。很多地区往往只考虑整个区域人群的民生保障，而忽视了贫困人口民生保障的特殊性和差异性，从而出现，整个区域民生平均水平提升了，但贫困群体的民生保障提升很少甚至下降的现象。第三，要解决好收入水平和能力提升的矛盾和问题。很多地区在城乡一体化推进过程中，往往片面认为收入增长了，贫困就解决了。虽然这有一定道理，也可能如此，但对贫困群体来说，收入增长并不是全部，更重要是的长期收入增长。而要保持长期收入增长，就要提升贫困群体的能力，即生计能力和发展能力。因此，自身素质提高、自身专业技术和技能的提高以及自身适应市场经济环境能力的提升等等，才是城乡一体化推进过程中最重要任务。第四，要解决并建立可持续发展的减贫长效机制制度体系建设问题。减贫是一项长期工程，不是权宜之计。因此，就需要建立一个动员国家和全社会共同参与的制度体系和政策配套体系，一切制度制定和政策实施，必须考虑其可持续性，并形成长效机制。

三、中国城乡一体化实现减贫目标任重道远

尽管中国是千年发展目标的积极落实者，是第一个提前实现减贫目标的发展中国家，为全球 2015 年实现减贫减半目标做出了巨大贡献，并在减贫的实践中探索出被世界各国推崇的经验和做法，但中国减贫的任务依然很艰巨。这不仅仅表现在中国贫困人口规模依然很大，即新标准后的贫困人口达到了 1.2 亿左右，而且表现在我国区域间差异巨大，更由于我国正处在经济转型期，发展方式转变带来的冲击和影响巨大，在推动城乡一体化发展中，面临的制度瓶颈和机制约束很强，尤其是城乡一体化发展中新型城镇化制度改革模式的选择，改革力度和推进方式，以及目前中国正在积极研讨在各个领域推进新一轮整体性改革，这些都会对城乡一体化发展、对贫困地区、贫困群体产生直接影响，从而也对减贫产生重大影响。

四、加强中国城乡一体化与减贫的理论和实践创新探索

经过中国改革开放 30 多年来的城乡一体化发展和减贫探索，目前到了最关键时期。在新时期和新形势下，需要进一步加大城乡一体化、减贫理论创新研究以及实践创新探索。第一，要加强新型城镇化与城乡一体化理论和实践的创新探索与研究。第二，要深入开展城乡一体化与减贫之间的联动机制的理论和实践创新研究。第三，要积极探索集中连片特殊困难地区城乡一体化与减贫模式研究。第四，要开展城乡一体化和减贫国际合作与交流，尤其开展联合国千年目标到期后，2015 年后新的发展议程路线图中城乡一体化和减贫对策研究。第五，要开展城乡一体化与减贫中产业、社会保障、就业转移、社会管理、能力提升等方面的微观实践创新探索和研究。

以“全面深化改革”为动力，促进中国减贫事业大发展（一）

（2013 年 11 月国内外减贫热点专题评论）

2013 年 11 月 12 日中国共产党第十八届中央委员会第三次全体会议通过了《中共中央关于全面深化改革若干重大问题的决定》，这是中国新时期国家的战略部署，是“全面建成小康社会，进而建成富强民主文明和谐的社会主义现代化国家、实现中华民族伟大复兴的中国梦”的伟大革命，也为中国减贫事业的大发展提供了新机遇，提出了新要求，减贫成为实现“中国梦”的重要内容，也成为影响和评价全面深化改革成果和成效的重要标志。

一、“全面深化改革”指导思想心系减贫事业

“全面深化改革”指导思想中提出“以促进社会公平正义、增进人民福祉为出发点和落脚点”“必须更加注重改革的系统性、整体性、协同性，让发展成果更多更公平惠及全体人民”“紧紧围绕更好保障和改善民生、促进社会公平正义深化社会体制改革，改革收入分配制度，促进共同富裕，推进社会领域制度创新，推进基本公共服务均等化”“加快建立生态文明制度，健全国土空间开发、资源节约利用、生态环境保护的体制机制，推动形成人与自然和谐发展现代化建设新格局”“维护市场秩序，推动可持续发展，促进共同富裕，弥补市场失灵”“必须以强烈的历史使命感，最大限度集中全党全社会智慧，最大限度调动一切积极因素，敢于啃硬骨头，敢于涉险滩，以更大决心冲破思想观念的束缚、突破利益固化的藩篱，推动中国特色社会主义制度自我完善和发展”，这些新指导思想无不与减贫事业息息相关。目前我国有 1.2 亿多贫困人口，占全国人口比例达 10%。“以促进社会公平正义、增进人民福祉为出发点和落脚点”

离不开这十分之一贫困人；"让发展成果更多更公平惠及全体人民"包括这些贫困人口；"促进社会公平正义深化社会体制改革，改革收入分配制度，促进共同富裕，推进社会领域制度创新，推进基本公共服务均等化"的重点就在贫困地区和贫困人口；"要形成人与自然和谐发展现代化建设新格局"的难点就在贫困地区和贫困人口；"敢于啃硬骨头，敢于涉险滩"其中就包含着改变"贫困"这个硬骨头和险滩；以更大决心冲破思想观念的束缚、突破利益固化的藩篱，推动中国特色社会主义制度自我完善和发展实际上同样隐含要改变过去传统的非均衡发展思想，改变忽视贫困地区贫困人口的做法和行为，完善和体现社会主义一切为了劳苦大众的思想，为了"促进社会公平正义、增进人民福祉为出发点和落脚点"的根本。

二、坚持和完善基本经济制度新改革，将会进一步促进减贫发展

决定中提出"公有制经济和非公有制经济都是社会主义市场经济的重要组成部分"。同时"支持非公有制经济健康发展。非公有制经济在支撑增长、促进创新、扩大就业、增加税收等方面具有重要作用。坚持权利平等、机会平等、规则平等，废除对非公有制经济各种形式的不合理规定，消除各种隐性壁垒，制定非公有制企业进入特许经营领域具体办法"，在贫困地区，公有经济对贫困地区发展作用不可替代，而非公有经济在贫困地区的扶贫开发作用更加明显，支持非公有经济和民营经济尤其是贫困地区非公有经济的发展，对于减贫效果将会起到巨大促进作用。

三、加快完善现代市场体系，给贫困地区和贫困人口更大实惠

决定中提出"建立城乡统一的建设用地市场。在符合规划和用途管制前提下，允许农村集体经营性建设用地出让、租赁、入股，实行与国有土地同等入市、同权同价。缩小征地范围，规范征地程序，完善对被征地农民合理、规范、多元保障机制。扩大国有土地有偿使用范围，减少非公益性用地划拨。建立兼顾国家、集体、个人的土地增值收益分配机制，合理提高个人收益。完善土地租赁、转让、抵押二级市场"，这是中国土地制度改革的重大突破，是消除城乡二元隔离制度的一次重大革命。我们知道，我国贫困人口绝大部分

在农村，建立城乡统一建设用地市场，并允许进行建设用地出让、租赁、入股，实行与国有土地同等入市、同权同价，从根本上消除了城乡土地制度不公平待遇，进而通过缩小征地范围，减少非公益性用地划拨，建立新的土地增值收益分配机制等等，将会极大地保护农民土地利益，这实际上就是一种对农民和贫困地区利益和权益的保护，将会极大增加贫困地区农民的收益，减轻贫困程度。决定还提出“完善保险经济补偿机制，建立巨灾保险制度。发展普惠金融。鼓励金融创新，丰富金融市场层次和产品”，进一步从金融制度上为贫困地区贫困人口的脱贫致富给予有力支持，尤其是消除灾害风险，减少灾害损失，对贫困地区灾害与贫困相重叠、减灾与减贫相叠加的特点来说，是一种好的保障。而发展普惠性金融，对改变金融嫌贫爱富的偏好是一次很好的纠偏，当然会惠及贫困地区，并受到农村贫困人口的欢迎，这对新时期确定的扶贫六大机制之一金融扶贫机制的重要支持。没有金融参与，贫困地区基本很难实现快速发展。现有金融体制需要通过改革增强对贫困群体的支持度。但如何发展普惠金融，尤其是惠及贫困人口的金融，需要进一步进行创新研究和探索。

四、加快转变政府职能，对我国“政府主导的扶贫开发”作用明显

决定中提出“完善发展成果考核评价体系，纠正单纯以经济增长速度评定政绩的偏向，加大资源消耗、环境损害、生态效益、产能过剩、科技创新、安全生产、新增债务等指标的权重，更加重视劳动就业、居民收入、社会保障、人民健康状况”，这对于政府在贫困地区扶贫开发将会起到巨大促进作用。相对于发达地区来说，贫困地区的经济发展相对落后，这一点在短时间是无法改变的事实，习近平总书记在最近视察贫困地区时就提出了要实事求是，因此衡量贫困地区政府工作考核就不能单纯的用经济增长速度来评判政绩，“加大资源消耗、环境损害、生态效益、产能过剩、科技创新、安全生产、新增债务等指标的权重，更加重视劳动就业、居民收入、社会保障、人民健康状况”。实际上，这就是一种新的考核制度重大改革，对贫困地区意义更加重大。汪洋副总理通过实际考察贫困地区后，提出了新时期要改革贫困地区县级考核机制，作为六大机制改革中的首要任务，这对我国贫困地区政府作用的定位是一次重大的改变，必将使贫困地区政府更加重视劳动就业、居民收入、社会保障、人民

健康状况。而这实际上是贫困地区的根本性贫困的根源。同时，这预示了扶贫的根本性任务是什么，也进一步说明了进行精准扶贫机制改革的内容是什么。不仅是以经济发展扶贫，而且是多维扶贫。绝不能再用 GDP 指标衡量贫困县发展。这是现在很多地方政府不认真抓扶贫的根源，特别是少数民族地区、生态脆弱地区的贫困县如何考核，其方式必须改革。对此，应该加大研究探索力度。

五、深化财税体制改革，将会进一步加大扶贫力度

决定中提出“完善一般性转移支付增长机制，重点增加对革命老区、民族地区、边疆地区、贫困地区的转移支付”，这是对新时期贫困地区扶贫开发的一次重要支持，说明了国家对贫困地区将会从财政方面给予最大的倾斜，从一定程度上弥补了国家扶贫资金规模与贫困地区资金需求的缺口。与国务院扶贫办落实汪洋副总理提出的新时期要改革扶贫资金使用机制的要求相当吻合，预示着国家在财政资金使用上更加关注“革命老区、民族地区、边疆地区、贫困地区”，对落实新时期扶贫开发纲要（2011–2020）和将十四个连片特困地区作为扶贫开发主战场的战略部署起到重要推动作用，对十四个片区发展规划和实施规划的顺利推进也将起到巨大推动作用，增强了贫困地区推进片区发展规划的信心和力量。因此，现在重要的问题是资金分配到省、县，中央精简放权，负责监督。要摆脱地方政府干好干坏都盯着资金的问题，必须建立这样一种机制：根据扶贫效果，态度积极、资金用得好的地区，可以优先、更多使用资金。但是具体如何操作有难度，要同时符合资源使用效率提高的要求更有难度。对此，如何用好国家扶贫资金和建立资金使用机制是关键。

关于“健全城乡发展一体化体制机制”改革可以说是我国农村扶贫开发根本动力源泉。由于其涉及内容较多，将在下期摘要进行专门评论。

总而言之，《中共中央关于全面深化改革若干重大问题的决定》是新时期我国党和政府重点工作任务，必将对我国社会经济发展产生深远影响。扶贫开发关系到国家改革发展全局，是全面改革的重要组成部分，对此，领会决定精神，抓住机遇，精心研究，提早制定扶贫开发的改革新思路，将六大扶贫机制改革和十大重点工程与决定相结合，与片区规划实施相结合，是当前扶贫开发工作的重要工作任务，需要全社会各界力量共同来努力推动。

以“全面深化改革”为动力，促进中国减贫事业大发展（二）

（2013年12月国内外减贫热点专题评论）

本期评论将对2013年11月12日中国共产党第十八届中央委员会第三次全体会议通过的《中共中央关于全面深化改革若干重大问题的决定》中“健全城乡发展一体化体制机制”对中国减贫事业发展作用和影响进行简要评论。

一、“健全城乡发展一体化体制机制”使中国减贫事业获得更大推动力

决定中提出“城乡二元结构是制约城乡发展一体化的主要障碍。必须健全体制机制，形成以工促农、以城带乡、工农互惠、城乡一体的新型工农城乡关系，让广大农民平等参与现代化进程、共同分享现代化成果”。从新中国成立60多年的发展历程看，中国经济社会发展的重要政策基点是非均衡发展。从城乡来看，通过优先发展城市经济，带动经济快速发展，通过优先建立工业体系，尽快构建新中国工业化发展和现代化框架。这是我国人口众多、经济实力薄弱情况下一种必然选择。通过非均衡发展，以效率优先，使部分产业、部分区域率先强大。但在经过了新中国成立后30年尤其改革开放30年后，非均衡发展尤其是城乡二元结构带来的问题和矛盾已经难以适应新时期的发展需要，追求均衡、公平成为时代要求，消除城乡二元结构，推进城乡一体化成为历史必然，形成以工促农、以城带乡、工农互惠、城乡一体的新型工农城乡关系，让广大农民平等参与现代化进程、共同分享现代化成果，必将推进农村、农业和农民的更快发展。我们知道，贫困地区、贫困人口主要分布在农村，消除城乡二元结构必将会打破原有的二元经济结构、二元社会结构、二元政策结构和

二元制度结构，从而让广大贫困地区和贫困人口获得更多公平、均等、合理的机会和机遇，消除和减少二元制度本身带来长期性的不公平，30 多年中国改革开放的成果也应该让农民和贫困人口得到最起码公平的分享，这就为中国减贫事业带来更大动力。这个动力就来自政策与制度的均等分享、以工促农、以城带乡的成果分享。

二、构建新型农业经营体系为产业扶贫发展注入了新动力

决定中提出：“坚持农村土地集体所有权，依法维护农民土地承包经营权，发展壮大集体经济。稳定农村土地承包关系并保持长久不变，在坚持和完善最严格的耕地保护制度前提下，赋予农民对承包地占有、使用、收益、流转及承包经营权抵押、担保权能，允许农民以承包经营权入股发展农业产业化经营。鼓励承包经营权在公开市场上向专业大户、家庭农场、农民合作社、农业企业流转，发展多种形式规模经营”。实践证明，依法维护和稳定农村土地承包权，对于贫困地区农村尤为重要，这是贫困地区农民最基础保证。而“赋予农民对承包地占有、使用、收益、流转及承包经营权抵押、担保权能，允许农民以承包经营权入股发展农业产业化经营”，将会为贫困家庭带来更多灵活性，提升增加家庭收入和脱贫的生计能力，为农民产业化扶贫提供新动力和制度保证。专业大户、家庭农场、农民合作社、农业企业流转发展多种形式规模经营则是产业扶贫重要载体，也是带动减贫的重要渠道。决定中提出的“鼓励农村发展合作经济，扶持发展规模化、专业化、现代化经营，允许财政项目资金直接投向符合条件的合作社，允许财政补助形成的资产转交合作社持有和管护，允许合作社开展信用合作。鼓励和引导工商资本到农村发展适合企业化经营的现代种养业，向农业输入现代生产要素和经营模式”，将为农村的产业发展提供重要的资金动力，在一定程度上可以缓解贫困地区资金缺乏的困境。

三、赋予农民更多财产权利为贫困家庭财产保值增值提供了保障

决定中提出“赋予农民更多财产权利。保障农民集体经济组织成员权利，积极发展农民股份合作，赋予农民对集体资产股份占有、收益、有偿退出及抵押、担保、继承权”，一方面能从制度上让贫困地区的农民获得集体经济组织

成员权利，改变贫困地区农民虽然是集体成员，却无法获得集体经济组织的财产分配权等。积极推进发展农民股份合作，不仅让农民对集体资产股份占有、收益、有偿退出及抵押、担保、继承权等有所保证，重要的是“集体资产股份占有、收益、有偿退出及抵押、担保、继承权”改变了过去农民在财产权的空缺，有利于贫困家庭获得集体平均的财产性收入，一方面提高收入水平，另一方面提高了长期收入预期。决定中提出“保障农户宅基地用益物权，改革完善农村宅基地制度，选择若干试点，慎重稳妥推进农民住房财产权抵押、担保、转让，探索农民增加财产性收入渠道”。农村的农户宅基地政策，是我国农村重要政策之一，其缺陷是农民虽然有宅基地，却不能将住房财产权抵押、担保和转让，只能由农民自己使用，限制了农民对宅基地财产的处置权，也限制了农民通过抵押、担保和转让宅基地等方式，进行财产的保值和增值，进而发展产业和其他经营。宅基地抵押担保和转让，在一定程度上为贫困地区农民增加财产性收入增加了渠道。决定中提出“建立农村产权流转交易市场，推动农村产权流转交易公开、公正、规范运行”，将现代化的产权交易应用到农村，为贫困地区开展土地产权交易、股权交易、承包权交易、经营权交易、宅基地交易等提供了重要的平台。通过产权交易，为贫困地区农民的财产性收入提高提供了新途径。

四、推进城乡要素平等交换和公共资源均衡配置为贫困地区社会经济资源效应提高构建了强大支撑力

决定中提出“维护农民生产要素权益，保障农民工同工同酬”，这在一定程度上能够改变农民工目前不平等待遇，使他们获得收入提升。目前城市中有3亿农民工，据调研数据显示，贫困地区农民打工收入大多占到家庭总收入一半。保障农民工同工同酬将会使贫困地区农民家庭收入明显提高。决定中提出“保障农民公平分享土地增值收益，保障金融机构农村存款主要用于农业农村”，同样将提升农民的收入和权益。尤其对于征地农民来说，一旦能够考虑农民公平分享土地增值收益，失地农民的征地补偿费将会大大增加。我国目前失地农民的补偿标准太低，出现的纠纷也多，而农村存款主要用于农业农村发展，在一定程度上能够缓解农村资金缺乏的局面，改变目前农村资金大量流向城市的现象，为贫困地区的经济社会发展注入资金的支撑力。决定中还提出

“健全农业支持保护体系，改革农业补贴制度，完善粮食主产区利益补偿机制。完善农业保险制度。鼓励社会资本投向农村建设，允许企业和社会组织在农村兴办各类事业。统筹城乡基础设施建设和社区建设，推进城乡基本公共服务均等化”。对于贫困地区来说，其重要意义体现在：第一，改革农业补贴制度，完善粮食主产区利益补偿机制，对于目前非农产业发展缓慢的贫困农户亢其重要。贫困地区第一产业比重仍然很高，农业补贴制度和完善粮食主产区利益补偿制度，必将对贫困地区的粮食生产和供应提高保证。第二、完善农业保险制度，对于贫困地区尤其是山区、灾害多发地区、生态环境和自然环境恶劣地区来说，是一个重要的风险规避方式。贫困往往与灾害紧密相关，灾害导致贫困，而贫困又加重了灾害发生，农业保险制度可在一定程度上减轻灾害风险损害，减少贫困发生的几率和降低贫困程度。“推进城乡基本公共服务均等化”在贫困地区作用更加明显，提升了扶贫总体效率，在一定程度上减轻了专项扶贫压力。通过专项扶贫与城乡基本公共服务均等化的合力推动，可以大大增强贫困地区公共服务能力，构建贫困地区在公共服务上的强大支撑力，从而消除城乡之间公共服务上的巨大差别，做大城乡间公平性制度保障。没有公共服务均等化建设，在专项扶贫资金有限情况下，扶贫的总体效果也会削弱。

五、完善城镇化健康发展体制机制，将会成为减贫的重要拉动力

决定中提出“坚持走中国特色新型城镇化道路，推进以人为核心的城镇化”。以人为本，“推动大中小城市和小城镇协调发展，产业和城镇融合发展，促进城镇化和新农村建设协调推进”，将大中小城市与城镇协调发展，将产业和新农村建设融合发展，对贫困地区通过小城镇建设和贫困地区新农村建设发展来改变贫困面貌事业提供巨大推动力。不仅可以在一定程度上解决就业问题，而且可以凭借小城镇产业与农村联系更加紧密特点，提高产业扶贫的效率。决定中提出“推进农业转移人口市民化，逐步把符合条件的农业转移人口转为城镇居民。创新人口管理，加快户籍制度改革，全面放开建制镇和小城市落户限制，有序放开中等城市落户限制，合理确定大城市落户条件，严格控制特大城市人口规模。稳步推进城镇基本公共服务常住人口全覆盖，把进城落户农民完全纳入城镇住房和社会保障体系，在农村参加的养老保险和医疗保险规

范接入城镇社保体系。建立财政转移支付同农业转移人口市民化挂钩机制”。可以说，这些措施对于贫困地区社会经济发展事业有着巨大拉动力。农业转移人口的市民化，将会提高贫困地区农民在城市就业的稳定性。在市场就业的农民有与城市居民同等的各种社会福利待遇和同等的权利，包括就业、社会保障、子女教育、医疗卫生等等的公平性待遇，克服了目前在城市就业农民在待遇上的不平等性和歧视性弊端，这也必将加快我国新型城镇化发展质量和速度。而户籍制度改革，尤其是全面放开建制镇和小城市落户限制，有序放开中等城市落户限制，合理确定大城市落户条件等新型政策的实施，必将加快贫困地区农民向建制镇的快速流动，而与其相关的“稳步推进城镇基本公共服务常住人口全覆盖，把进城落户农民完全纳入城镇住房和社会保障体系，在农村参加的养老保险和医疗保险规范接入城镇社保体系。建立财政转移支付同农业转移人口市民化挂钩机制”等等，是我国城乡一体化发展制度改革的重大突破，是历史上改革力度最大、最彻底的一次革命性大变革，必将成为推动我国社会经济发展的重要里程碑，对我国扶贫开发和减贫事业也是一次革命，将成为我国扶贫事业的巨大拉动力。当然，具体实施的政策措施，还需要进一步细化和落实。但不管怎样，改革方向和目标已经明确，改革内容已经清晰，贫困地区的脱贫致富和区域快速发展也一定会比以前更快。

2014 年国内外减贫热点专题评论

论全面推进扶贫治理体系和扶贫治理能力现代化建设

（2014年2月国内外减贫热点专题评论）

党的十八届三中全会提出了全面深化改革总目标是“完善和发展中国特色社会主义制度、推进国家治理体系和治理能力现代化”。这是一种新时期，党提出的一个新任务新标准，也成为指导和衡量我国深化改革的标杆。改革的总目标意味着国家深化改革的所有方方面面都必须围绕着这个总目标来进行。所以，扶贫开发是我国经济发展和改革的重要组成部分之一，因此，在全面深化改革过程中，扶贫开发，自然也必须围绕和服务于这个总目标，如何按照“推进扶贫治理体系和扶贫治理能力现代化”的新思想和理论指导完善扶贫开发的改革创新，推进事业发展呢？我们认为核心就是全面推进扶贫治理体系和扶贫治理能力现代化，为推进国家治理体系和治理能力现代化奠定良好基础支撑环境。

一、扶贫开发是推进国家治理体系和治理能力现代化的重要且特殊组成部分

学习贯彻和落实习近平总书记在中央党校关于“积极推进国家治理体系和治理能力现代化”讲话精神，深化扶贫开发体制和机制创新，推动扶贫事业大发展，我们认为首先就是要提高认识和统一思想。我们认为至少应有以下认识：

第一、从国家战略和国家视野认识扶贫重要性。推进国家治理体系和治理能力现代化确定为全面深化改革的总目标，就意味着每一项工作每一项事业的发展都需要治理体系与治理能力现代化。从这个意义上来讲，扶贫工作作为整个国家的一个部分，它必然也要按照这样的目标要求去努力去推进。更主要的

是对于从扶贫开发工作角度来讲，能够把视野放远，思路更进一步拓宽，从国家治理角度来讨论扶贫，与从扶贫工作本身来讨论扶贫是不一样的。这完全符合总书记提到的要跳出扶贫来看扶贫，只有这样才能够真正看清楚到底扶贫应该怎么做。因此，国家治理体系建设现代化同样离不开扶贫治理体系现代化这一重要而特殊内容。

第二、扶贫开发是党和国家推进国家治理体系和治理能力现代化的最为关切工作之一。十八大以来，习近平总书记和李克强总理先后连续6次分别到河北、贵州、内蒙古、陕西和武陵山区等深入贫困地区调研，并召开中央政治局会议专门研究部署全国扶贫开发工作。2013年，国务院副总理汪洋深入到甘肃积石山县农户家里进行了调研。2014年1月25日，中共中央办公厅、国务院办公厅《关于创新机制扎实推进农村扶贫开发工作的意见》强调，切实将扶贫开发工作摆到更加重要、更为突出的位置，可以说扶贫开发是党和国家领导人最为关切重点工作之一。

第三、扶贫开发重要性和战略意义更加彰显。扶贫开发对推进国家治理体系和治理能力现代化具有重大现实意义，这主要表现在，扶贫开发不仅是关系和影响我国全面建成小康社会能否实现的重要因素，正像习近平指出那样“全面建成小康社会，最艰巨最繁重的任务在农村特别是在贫困地区”；也是推进我国建设“五位一体”任务的重要推动力，更是实现我国民族团结、民族文化繁荣、中华民族复兴的“中国梦”重要力量之一，更是关系和影响国家安全、社会稳定的关键因素之一，同样扶贫在边疆安全上具有明显作用，扶贫在周边国家发展，发挥扶贫软实力作用，促进和推动国家外交方面具有特殊作用。

第四、扶贫开发的紧迫性和艰难性同样凸显。我国贫困人口仍然有1.2亿左右，占到全国人口10%左右，贫困地区的面积占到国土面积比例相当大，并且目前收入差距扩大趋势更加明显，农村贫困呈现向城市贫困转移的趋势逐步明显，致贫因素更加多元化和复杂化，扶贫减贫任务日益紧迫。但扶贫不是一蹴而就，还面临着很多困难，既有自然条件改变的艰难性和自然变化的不确定性，又有社会经济条件改善的艰巨性，更有贫困主体自身发展的规律性和差异性。因此，需要脚踏实地去做，稳扎稳打，一步一个脚印，不能急于求成。

二、加快推进国家扶贫治理体系建设

贫困治理是国家治理的重要内容和重要任务之一。按照国家治理体系的基本内容和内涵，我们认为，扶贫治理体系，就是指扶贫治理的制度、法律、组织、管理等在扶贫开发过程中建立的体制和机制体系。从我国目前现有扶贫治理体系来看，经过建国65年尤其是改革开放35年扶贫开发历程，我国逐渐摸索出了符合中国实际，具备中国特色的扶贫开发工作经验和做法，在扶贫治理体系方面取得了长足进步。但在新形势下，我国扶贫治理体系建设还存在着很多不足之处，比如：贫困人口规模仍然很大、贫困区域分布分散与集中并存、扶贫效果区域差异较大、扶贫资金规模仍存在加大缺口、扶贫资金运用支持效率出现降低、扶贫瞄准度存在一定偏差、扶贫激励机制不健全、扶贫组织和扶贫体制不完善、扶贫机制存在严重缺陷。因此，急需加快推进我国扶贫治理体系建设步伐，我们认为应在以下几个方面高度重视：

第一、法律体系和制度体系建设是国家扶贫治理体系重要宏观支撑保障。国家扶贫治理的法律体系是贯彻依法治国基本要求，也是市场经济发展的必然要求，扶贫同样要依靠法律来推进和保障，缺乏法律保障，扶贫治理就难以有序、健康推进，只有完善扶贫治理的各项法律制度，扶贫开发和扶贫治理才会更加有效。建议国家尽快研究和制定“国家扶贫法”，从法律上规范扶贫开发及其治理，将扶贫开发提升到国家法律层面，从而加快和规范扶贫开发行为。研究制定和完善国家扶贫治理的制度体系，加强扶贫制度体系建设，包括扶贫开发的管理制度、组织制度、协调制度等，这是扶贫开发顺利推进的制度保障。

第二、六大机制创新是新时期国家扶贫治理体系重要内容和任务。改进和完善贫困县考核机制，从而引导贫困地区把工作重点放在扶贫开发治理上，使扶贫治理力度得以强化。建立精准扶贫工作机制，切实做到扶真贫、真扶贫，确保在规定时间内达到稳定脱贫目标，使得扶贫真实效果得以真正显现。健全干部驻村帮扶机制，实现驻村帮扶长期化、制度化，让党和政府各项强农惠农富农政策得以贯彻落实。改革财政专项扶贫资金管理机制，把资金分配与工作考核、资金使用绩效评价结果相结合，从而提升扶贫资金的效果。完善金融服务机制，可以充分发挥政策性金融导向作用，支持贫困地区基础设施建设和主导产业发展。创新社会参与机制，建立和完善广泛动员社会各方面力量参与扶贫开发制度，形成大扶贫治理体系。

三、加快推进国家扶贫治理能力现代化

第一、国家扶贫治理能力现代化是主体现代化和客体现代化的统一体。包

括两个方面，一个是扶贫主体现代化，包括扶贫主体能力提高如管理能力、组织能力、协调能力等，我们还可以归纳为，信息化建设、扶贫方法现代化、扶贫开发手段现代化，也都属于能力现代化内容。另外就是经济发展或社会发展等成果在贫困地区应用，即加快现代化应用效果和效率。基础设施改善，实际上也就是指扶贫环境支持或支撑现代化。资源动员和资源配置现代化，也是扶贫能力现代化内容。

第二、十大重点工程是加快推进国家扶贫治理能力现代化的重要载体和抓手。村级道路畅通工程建设，到 2020 年，实现具备条件的建制村通沥青、水泥路和通班车，这是国家扶贫治理能力环境交通现代化重要标志。饮水安全工程建设，确保到 2015 年解决规划内贫困地区剩余的农村居民和学校师生饮水安全问题，到 2020 年，农村饮水安全保障程度和自来水普及率进一步提高；农村电力保障工程，到 2015 年，全面解决无电人口用电问题；危房改造工程建设，到 2020 年，完成贫困地区存量农村危房改造任务，解决贫困农户住房安全问题。这三项工程建设是国家扶贫治理能力现代化最基础最基本的条件保障。特色产业增收工作、乡村旅游扶贫工作则是脱贫致富的重要抓手，是国家扶贫治理能力提升真实体现。教育扶贫工程建设、卫生和计划生育工程建设、文化建设扶贫工程建设和贫困村信息化扶贫建设工程等四项内容，则是国家扶贫治理能力现代化在公共服务能力现代化的集中表现。

四、打造并发挥扶贫品牌在推进国家扶贫治理体系和扶贫治理能力现代化中的作用

改革开放以来，我国在扶贫开发的实践中积极探索，积累了很多符合中国特色的扶贫开发经验和创新模式，比如整村推进模式、产业扶贫模式、连片开发模式等等，也积极实施并开展了像雨露计划、小额贴息信贷、易地扶贫搬迁等扶贫做法。这些也为推进国家扶贫治理体系和扶贫治理能力现代化提供了很好基础，并将发挥重要的引导作用。其实，国家扶贫治理体系和扶贫治理能力现代化，并不仅仅进行改革创新发展，也包括了体现扶贫品牌做法持续推进。品牌和特色是国家扶贫治理体系和扶贫治理能力现代化建设和发展的重要推动力，也是多年扶贫探索的成果，其中雨露计划、小额贴息信贷、易地扶贫搬迁、金融扶贫等都是扶贫很好的品牌。因此，应打造并发挥扶贫品牌在推进国

家扶贫治理体系和扶贫治理能力现代化中的作用，推进扶贫开发工作再上新台阶，通过扶贫治理体系建设和扶贫治理能力现代化建设，为国家治理体系和治理能力现代化目标的实现，做出新贡献。

努力打造中国特色“雨露计划”扶贫品牌

（2014 年 3 月国内外减贫热点专题评论）

如何落实十八届三中全会做出的“中共中央关于全面深化改革若干重大问题的决定”精神，按照“完善和发展中国特色社会主义制度、推进国家治理体系和治理能力现代化”的总体目标，创新扶贫开发新方式，打造并发挥扶贫品牌的效应，促进中国扶贫开展再上新台阶，成为当前扶贫开发重要工作之一。

一、“雨露计划”已成为中国扶贫开发标志性培训项目

改革开放以来，我国在扶贫开发的实践中积极探索，积累了很多符合中国特色的扶贫开发经验和品牌，雨露计划就是其中之一。“雨露计划”能成为标志性品牌的原因是：

第一、“雨露计划”是一项具有自身特色的培训工程。目前，我国的技术技能培训项目很多，有民政部、妇联、劳动人事部、社会保障部门、农业部门等，但在农村中农业部的“阳光工程”和国务院扶贫办实施的“雨露计划”项目影响最大。具有自身特色主要是因为“雨露计划”是一项专门针对贫困地区贫困人口的一项培训项目，而“阳光工程”则是一项面向广大农村的培训项目。从范围来看“阳光工程”更大，而雨露计划项目更专。

第二、“雨露计划”效果明显，满意度高，获得了贫困地区的广泛欢迎。雨露计划自 2004 年全面启动以来，中央和地方累计共投入培训资金 61 亿元，有近 1600 万农村贫困劳动力接受了相关培训，实现了这些农村贫困劳动力家庭脱贫的目标，有效地阻断了贫困代际传递的发生，有力地支持了扶贫开发事业的发展。通过实际问卷调研数据资料综合评估分析，“雨露计划”其效果表现在：受益覆盖度较高，瞄准性较强；提升了贫困人口就业率、增强了其就业稳定性；对提高贫困人口的收入效果明显；减贫效果彰显，且能够起到脱贫示范带

动作用。因此，对“雨露计划”增强就业、提高收入和脱贫减贫的效果满意度较高。

第三、探索出了很多有效的特色化模式。经过几年实践，我国“雨露计划”实施模式形式多样，而最为典型的如：湖北的“基地规模化、模式多样化”、湖南的“政府扶助+工学交替”模式、建立多层次培训体系的贵州模式、河南省新县涉外培训模式，即包含培训机构多元化，培训体系多层次性、“培训－就业－跟踪”服务一体化、创业投资机制与激励政策融合配套化，实现从农民到工人再到创业者的就业转变和从个体效应向群体效应转变的模式。

第四、适时进行改革创新，适应农村发展新需要。“雨露计划”的一个突出优点就是扶贫办根据新时期发展需要适时进行了改革完善，即2009年扶贫办对2006年正式实施的“雨露计划”分两批进行了改革试点。第一，培训对象从以前以贫困家庭存量劳动力为主转向以初中、高中毕业后未就业的新生劳动力为主；第二，培训目的从提高打工技能、增加就业机会转向进一步提高贫困家庭新生劳动力的整体素质，增强其稳定就业和持续增收能力；第三，培训重点从组织青壮年劳动力参加中、短期就业技能培训，转向引导和鼓励贫困家庭子女接受高职、中职教育和一年以上的预备制职业培训；第四，补助方式从通过基地间接补助转向对贫困家庭学生直接补助；第五，培训时间从几个月的短期培训转向了一到两年中长期性培训。这项改革，适应了新发展需要，提升了培训效果。

二、努力打造和发挥“雨露计划”品牌效应，开创扶贫开发新辉煌

尽管“雨露计划”已成为中国扶贫开发标志性培训项目，在贫困地区受到欢迎，成效明显，但是在新形势下，适应我国全面深化改革的新要求和新目标，仅仅成为标志性的培训项目还不够，而是要将其打造成为扶贫开发的标志性品牌，努力打造和发挥“雨露计划”品牌效应，开创扶贫开发新辉煌。而要成为“品牌”，就需要进行完善制度、提升质量、创新机制、提高效率。

第一、“雨露计划”要适应新阶段我国扶贫开发新转变。其一，适应贫困内涵新转变。将扭转区域发展不平衡趋势、提高贫困群体发展能力作为未来扶贫开发的重要目标，将生态环境的改善作为未来扶贫开发的总体要求之一。其

二，适应减贫目标新转变，即“两不愁、三保障”和贫困地区与全国均衡发展多元目标。其三，适应到户到村的精准扶贫与集中连片特殊困难地区扶贫开发相结合的新形势。其四，适应新时期扶贫创新要以推进和实现国家治理体系和治理能力现代化为总体目标的新变化。

第二、“雨露计划”需要解决以下问题和现实挑战。其一，要努力解决好地区差异性与全国整体性之间的矛盾问题，创新更具效率的培训模式。其二，要努力解决好“雨露计划”与其他人力资源培训的协调和整合问题，形成合理的分工，避免资源浪费和无谓竞争。其三、要解决好扶贫开发中重视基础设施建设，忽略能力建设问题弊端，强化雨露计划支持力度。其四，要努力解决好“雨露计划”在培训对象、培训时间、培训内容等方面存在的问题和矛盾。

第三、“雨露计划”要重点解决以下任务：其一，适度扩大对“雨露计划”的投入，合理利用扶助资金。其二，构建全国统一的“雨露计划”培训协调组织体系。其三，设立县级人力资源开发计划协调组织机构，整合人力资源培训资源。其四，积极推行异地培训试点，将创业培训纳入“雨露计划”改革创新重点。其五，加强与扩大建设“雨露计划”实验示范基地力度和范围。其六，适应新时期新形势，丰富雨露计划培训内容，形成“综合素质 + 技能 + 创业 + 职业”培训新体系。其七，加深与扩大对“雨露计划”政策的理解与宣传。其八、重视和增加管理人员能力建设投资。

总之，打造“雨露计划”品牌，对新时期扶贫开发工作将会起到重要推动作用。因此，特提出如下建议：其一，开展“雨露计划”实施效果的评价研究，构建雨露计划评价指标体系，科学测度、考核、评价“雨露计划”，制定完善雨露计划提供政策参考。其二，打造“雨露计划”扶贫开发品牌的总体方案和对策研究，为雨露计划品牌效应持续释放提供指导和参考。其三，我国“雨露计划”培训模式案例研究，总结我国雨露计划实施中的经验模式，分析其推广价值。

中国特色“小额贴息贷款”扶贫模式

（2014年4月国内外减贫热点专题评论）

中国改革开放30年来所创造的“中国奇迹”已经为世界各国所认可，这个奇迹有人称之为“农村改革奇迹”，其实这个奇迹集中表现就是“减贫”成就在世界上无与伦比的“奇迹”。所以，“中国奇迹”是“农村发展奇迹”，是“减贫奇迹”。创造这些奇迹的力量来自于中国自身改革创新不断探索和吸收借鉴国外经验和做法两方面。而“小额贴息贷款”就是被实践证明是最有效减贫模式之一。

一、小额信贷是国际上广泛推行的扶贫模式之一

曾获得2006年诺贝尔和平奖的穆罕默德·尤努斯（Muhammad Yunus），于1983年创办了以反贫困、促发展为基本宗旨的孟加拉农业银行格莱珉试验分行并获政府批准。这个银行的重点就是为贫困人口即穷人进行贷款，取得了为400万穷人提供了服务的良好成效，并因此受到世界各国，特别是亚洲、非洲和拉丁美洲欠发达国家的广泛效仿。2006年沃顿管理学院教授凯斯·魏格特（KeithWeigelt）称“全球500家小额信贷机构向约3000万名微型企业主发放了70亿美元贷款”，虽然没有确切数据，但到2013年小额信贷规模肯定更大。小额信贷的最大功效就在于全世界的小额信贷项目都在改进传统方法，目的在于挑战人们对金融无法为穷人提供服务的观念。也正因为如此，才创造了目前世界上多种多样的小额信贷模式。如乡村银行方式、非政府组织（NGO）方式、正规金融机构方式、社区合作银行方式和批发基金方式等。多元化模式的效果相当明显，主要表现在：其一、小额信贷发展有效减少和消除了饥饿和极端贫困。其二、有效地提高了贫困家庭适龄儿童基础教育普及率。其三、有效地推动和促进了妇女权益保障程度提升。其四、有效地降低了儿童死亡率以及提升

了妇女健康水平。其五、有效推动了国际扶贫在小额信贷方面的合作交流。

二、中国“小额贴息贷款”扶贫模式成效显著

我们知道，尽管只是小额贷款，但贷款对象是贫困人口，其还款能力较弱，商业风险大。因此，小额信贷多采用基金、慈善和企业社会资助方式。中国采取的“小额贴息贷款”扶贫政策，即用中央财政贴息资金直接核补给贷款贫困农户或发放到户贷款的金融机构。通过这种方式可以在一定程度上减少金融机构贷款风险担忧，从而大大推动了“小额贴息贷款”扶贫模式的快速发展。我国从 2004 年在 11 个省 33 个重点县到 2005 年进一步扩大到 22 个省 200 个县，2006 年扩展到了 592 个重点县，从信贷资金 20 亿元左右增加到了 59.2 亿元。正是由于贴息资金，到期贷款回收率大幅提高，多数县达到 90% 以上，据有关调研显示，“小额贴息贷款”受益贫困家庭增收明显，受到了贫困地区政府和农民的欢迎。从调查“小额贴息贷款”的农户反馈信息看，“小额贴息贷款”扶贫效果主要体现在：其一、“小额贴息贷款”满足了贫困地区资金短缺的部分缺口。其二、“小额贴息贷款”降低了贫困家庭资金成本，在一定程度上提高了农民的收入水平。其三、“小额贴息贷款”充分调动了金融机构的积极性，减少了贫困地区金融机构的商业风险。其四、培养了贫困地区产业发展和生计能力提升。

三、新时期“小额贴息贷款”扶贫面临的机遇和挑战

从大的环境来看，扶贫开发是党和国家推进国家治理体系和治理能力现代化的最为关切工作之一。国家领导人非常重视扶贫开发工作，《关于创新机制扎实推进农村扶贫开发工作的意见》推动扶贫开发进入到了一个新阶段，该意见特别提出要完善金融服务机制。其中提到要“规范发展村镇银行、小额贷款公司和贫困村资金互助组织”，并“进一步推广小额信用贷款，推进农村青年创业小额贷款和妇女小额担保贷款工作”。2014 年 3 月 6 日，中国人民银行、财政部等 7 部门联合印发《关于全面做好扶贫开发金融服务工作的指导意见》。该《意见》提出了我国下一步扶贫开发金融服务的重点工作是“要加快推进农村信用体系建设，推广农村小额贷款”；“大力发展多层次资本市场，拓宽贫困地区多元化融资渠道”。这就为“小额贴息贷款”扶贫的开展提供良好的政策环境。

当然，在新形势下，“小额贴息贷款”也面临着严峻挑战。一方面是世界经济复苏乏力，我国经济进入到低增长周期，政府调控政策转向以市场为主导方向，资金面供给紧缺，宏观经济呈现调整阶段。这样，国家财政用于“小额贴息贷款”的规模增速肯定低于人们的预期，贫困受益人群增幅也就低于预期。另外，经济增长预期的下降，必然带来市场需求萎缩，一方面影响到贷款需求减少，另一方面也影响到银行惜贷。加上我国目前小额信贷机构种类较多，竞争激烈，生存压力导致会扩大贷款规模，而不是贫困家庭小额贷款。尽管中国小额信贷市场需求巨大，小额贷款公司得以蓬勃发展，但是供给方面，尤其是对贫困地区，小额信贷供给仍然不足，皆因经济利益所致。同时，也出现了小额信贷机构改变原来为穷人服务初始目标，更倾向于给相对富人贷款，出现目标偏移，偏离了国家政策预期。而从“小额贴息贷款”扶贫自身来看，也存在着效率差异、市场风险以及推行管理问题，如贫困贷款精准度不高等。

四、启示和建议

“小额贴息贷款”扶贫模式是我国扶贫开发实践中探索的有效方法，经过多年来完善和丰富，已经成为扶贫开发的标志性品牌，受到贫困家庭的赞扬。在新形势下也必将发挥更大效应。第一、“小额贴息贷款”扶贫模式的效应在贫困地区会越来越大，尽管区域间有所差异，但总体上来说，其效应在扶贫开发中仍不可缺少。第二、“小额贴息贷款”扶贫应在我国新时期金融扶贫机制创新中得到进一步的完善和创新。第三、“小额贴息贷款”扶贫应与我国农村金融改革紧密相结合，与小额信贷机构的改革创新相结合，充分发挥小额信贷机构和“小额贴息贷款”政策的优势和作用，以贫困家庭的扶贫开发为目标，进行优化和完善。第四、提高“小额贴息贷款”扶贫的精准度，提高扶贫开发的效率。第五、合理优化“小额贴息贷款”投资项目方向，充分发挥“小额贴息贷款”四两拨千斤的功效，充分考虑其现实特点、传统特色及致贫因素，确定短期中期和长期扶贫项目。总之，打造“小额贴息贷款”扶贫品牌，对新时期扶贫开发工作将会起到重要推动作用。

完善和发展中国特色的易地扶贫模式

（6月国内外减贫热点专题评价）

在我国扶贫开发进入了新的历史时期条件下，国家扶贫开发新思想、新战略和新部署及新时期国家扶贫政策不断得以完善，国务院扶贫办主任刘永富提出了“坚定一个目标、突出两个重点、培育三个品牌、把握四个关系、做好五项工作”的抓落实工作思路，易地搬迁扶贫模式就是三个品牌之一，在扶贫脱贫中的作用非常明显。

一、易地搬迁扶贫模式的特殊性作用

不难看出，中国扶贫开发取得巨大成就的两大因素就是政府主导扶贫开发所具备的资源动员能力强大和不同区域探索创新出不同特色的差异化扶贫模式特殊功效，而易地搬迁的特殊性和最大功效就是它有政府的支持并符合贫困地区自身特点，是扶贫开发模式的最佳选择。第一，易地搬迁是我国消除区域性贫困和改善生态环境而采取的重要战略行动，改变和缓解了生态区位差，生态环境脆弱特殊条件下区域贫困问题突出的矛盾。不仅实现了生态环境的保护，也达到了贫困人口脱贫目的，使贫困地区人口、资源、环境之间矛盾，生态问题与生存问题的矛盾得以化解。第二，探索出不同的易地搬迁扶贫模式。例如，根据我国过去10多年来的实践经验，我国生态移民存在多种安置模式，如依托调整土地安置、依托产业结构调整安置、依托城镇集中安置、依托旅游资源开发安置等，努力实现其生产生活方式转型，提升可持续发展的能力。第三，易地搬迁扶贫方式在一定程度上减弱了代际贫困的传递链，通过易地搬迁改变了家庭代际贫困循环往复旧有体系，进入有利于生存发展的新环境，为贫困家庭新一代的生存能力和发展能力的提升提供了一定条件。第四，易地搬迁符合中国生态文明建设的目标，是以人为本的表现。第五，从易地搬迁的扶贫脱贫实际效果来看，易地搬迁贫困家庭

的整体收入有显著提高，由于搬迁安置地方相对来说交通便利程度大大改善，信息比以前通畅，从而为搬迁家庭从事非农就业提供了条件。

二、易地搬迁扶贫模式面临的挑战和问题不容忽视

易地搬迁在一定程度上解决和缓解短时期生计贫困问题，但是要使搬迁贫困家庭适应新环境并能获得长期的发展能力，这才是关键和根本。第一，更加关注稳定就业是首先面对的问题。大部分搬迁贫困家庭基本获得了土地，但是由于土地面积比较小或者是新开垦地区，地力肥力不足，土地提供的保障程度不高，维持生计还比较难。因此，更加关注稳定就业是易地搬迁扶贫模式是否成功的关键因素，甚至说是决定性因素。第二，更加关注搬迁家庭在新环境条件下的生活习惯、生产方式的转变，提升在迁入地适应能力，尤其是与当地基民家庭的融合。第三，更好关注和解决管理能力不足这一突出问题。易地搬迁是政府主导的一种方式，因此，政府在搬迁安置区中发挥主导作用，对于新的搬迁区域自我管理能力培养和解决利益冲突能力培养，对当地社会稳定也有一定作用。第四，易地搬迁从搬迁的组织管理、资金分配等一系列问题，在高效化管理、公平公正公开化管理、监测监督评估管理等同样也是易地搬迁扶贫模式中面临挑战需要具有高度重视。

三、努力打造易地搬迁扶贫模式特色品牌

如何继续发挥易地搬迁扶贫模式的功效，将易地搬迁扶贫模式打造成为我国扶贫开发模式特色品牌，还需要各方面共同努力。为此建议：第一，加强对易地搬迁扶贫模式案例研究，凝练品牌的经验总结，丰富和推进扶贫理论发展。我国扶贫开发实践中，各地都探索和创新了很多有特色的模式和方法，需进行认真总结分析和研究，通过案例分析总结经验，并有选择性的进行推广应用。第二，进一步积极探索易地搬迁扶贫模式，重点研究易地搬迁中的产业扶贫模式，这是易地搬迁扶贫模式的关键，在产业化扶贫上有更多的方法和方式。第三，积极探索易地搬迁扶贫模式的管理新方式，提升易地搬迁贫困家庭的适应能力、生计能力、发展能力，提升易地搬迁家庭人口综合素质。第四，更加关心易地搬迁贫困家庭的新一代的教育和专业技术技能的培养培训建设，以易地搬迁为契机，消除和减少代际贫困发生率，这是易地搬迁扶贫模式的最大效应之一。第五，积极鼓励各地进行易地搬迁扶贫模式的改革创新，这样才能使中国特色的易地搬迁扶贫模式的品牌效应更丰富。

加快构建中国社会扶贫大格局

（2014 年 7 月国内外减贫热点专题评论）

2013 年底，中共中央办公厅、国务院办公厅印发《关于创新机制扎实推进农村扶贫开发工作的意见》（25 号文件），明确要求构建政府、市场、社会协同推进的“大扶贫”开发格局。2014 年 6 月，国务院扶贫办制定《创新扶贫开发社会参与机制实施方案》。如何贯彻落实 25 号文件精神，积极推进“政府、市场、社会”协同推进的大扶贫开发格局，迫切需要理论工作者和实践工作者对扶贫开发进行前瞻性研究和探索。

一、社会扶贫是新时期我国扶贫开发的重要内容

构建政府、市场、社会协同推进大扶贫开发格局是新时期中国扶贫开发的必然趋势和必然要求。消除贫困是世界各国面临的共同挑战，而消除贫困、改善民生、共同富裕是中国特色社会主义的本质要求，也是全社会共同责任。消除贫困，不仅是贫困地区政府和扶贫部门职责，也是整个国家的共同责任和义务。社会经济发展为创新社会扶贫创造了条件和基础。一方面经济增长和收入水平提升了经济基础和资金基础，另一方面，社会主义核心价值观的共同追求也为社会扶贫奠定了价值基础。与此同时，人类发展文明和追求进步也为社会扶贫形成了现代人类文明基础。而现代科学技术和开放发达的市场，也为社会扶贫奠定了优越的市场条件。无论是发达还是落后，是现代还是传统，扶贫济困都是中华民族的优良作风。在实现中华民族复兴的中国梦的进程中，社会扶贫是必然选择也是必然要求，更是全民的共识。

二、发挥中国特色社会扶贫体系特殊作用

实践证明，中国改革开放 30 多年来的扶贫开发是成功的，创造了中国社会

主义特色的社会扶贫体系，即六个方面：（一）中央国家机关定点帮扶，这是最具中国特色社会扶贫方式之一。尽管有人认为这是政府职能延伸，但也是社会扶贫的一部分。（二）武警及军队扶贫。（三）东西部的扶贫协作，同样是中国特色的扶贫方式，在过去20年中发挥了很重要的作用，也体现了共同富裕的战略思想。（四）社会企业和事业机构的扶贫，这是国际上共有的社会扶贫方式。（五）社会组织包括各类的民间组织及各种类型组织参与的扶贫。（六）个人参与的扶贫。从以上可以看出，中国特色社会主义的扶贫体系具有其特殊性。前三种均为国家政府参与的扶贫形式，实践证明，这三种扶贫方式效果是明显的，更具有政府主导属性和优势，未来重点工作主要体现在加强有效性和针对性。而对于提升社会和市场的扶贫力量，包括私营企业参与、社会组织参与及居民个人的扶贫参与，从而形成一个全面的政府、社会和市场共同参与的大扶贫格局和体系。因此，如何建立社会扶贫体系，尤其是理顺、协调国家政府、社会和市场之间关系，构建体制机制，决定着中国特色社会主义的社会扶贫体系是否有效。

三、全面构建新时期我国社会扶贫新机制

创新社会扶贫机制是新时期我国扶贫开发的重要内容，构建政府、市场、社会协同推进大扶贫开发格局更是全民共识。但是社会如何参与扶贫开发，如何形成一支新力量，如何在整个社会构建当中发挥它本来应该发挥的作用，实际上涉及到很多相关理论和实践问题，即如何充分发挥政府引导和市场机制作用，通过进一步市场化改革调动社会创造力，通过政府不断加大扶贫力度创造脱贫环境，通过研究完善相关政策，建立社会扶贫服务平台，鼓励和引导各类企业、社会组织和个人等社会力量积极参与扶贫开发。因此，制定一个社会约束机制，建立共同负责、共同参与的制度和机制，成为当务之急。以下问题将是我国社会扶贫需要尽快研究解决的问题：

（一）如何从理论上认识和构架中国特色社会主义的社会扶贫理论体系。即从理论上建立社会扶贫基础，从而来指导中国社会扶贫的实践。

（二）如何从国际实践上总结国外社会扶贫的经验和对中国启示和借鉴作用。为此就需要对国际上的社会扶贫基本概念、基本理论和国际基本经验体系化；对发达国家、新兴国家和欠发达国家不同类型的社会扶贫案例立体化；对国际经验案例的启示和政策建议要突出其规律性、国际性及可操作性，从而达

到指导中国社会扶贫体系的建立。尤其是对社会组织 NGO 和民间组织及个人参与扶贫的方式、制度和方法的研究。

（三）对构建中国社会扶贫机制研究则是核心和重点。构建政府市场和社会大扶贫的格局关键是要研究构建社会扶贫有效机制，因此，就需要研究以下问题：第一，社会扶贫的定位包括扶贫职能、作用和地位；第二，明确社会扶贫的主体关系、社会扶贫行动方式、社会扶贫的行动领域和社会扶贫组织格局；第三，研究社会扶贫方向和规范化运作运行模式；第四、重点研究社会扶贫的动员机制、参与机制、资源资金等整合机制、社会扶贫的协调机制、社会扶贫的管理约束和激励机制以及社会扶贫的考评机制。

总而言之，社会扶贫大格局的形成，将会加快中国扶贫开发进程，为全面建成小康社会和实现国家治理体系和治理能力现代化发挥更大作用。

低碳发展与低碳扶贫

（2014 年 8 月国内外减贫热点专题评论）

应对气候变化的国际谈判历经很长一段时间，而影响其进程的一个重要原因在于“共同而有区别”的原则执行差异，核心还是对承担低碳发展的责任和义务的讨价还价，其基点就是发达国家、发展中国家或者叫做贫穷国家的划分差异，与贫困有着相当大的联系。那么，低碳发展与低碳扶贫之间有什么关系？贫困地区能否推进低碳发展，能否推进低碳扶贫？或者说低碳扶贫是否有效呢？这也成为当前和未来国内外讨论关切的热点问题之一。

一、低碳发展是大势所趋

世界气候变化带来的巨大挑战在一次一次自然灾害频发和生命威胁中日益加大，人们对低碳发展总趋向的共识也越来越清楚，但在国际大家庭中，在这样浩瀚的空间里，谁来做？谁先做？做多少？仍然存在着认识差异，从而也就导致了决策和行动上的迟缓不同。但不可否认的是，人类自身对低碳发展需求的迫切性不断增强，其认知不断增多。低碳发展是大势所趋，生命所向，自然所期。不想世界性灾难增多，不想有威胁生命和疾病发生，就需要低碳发展。正像追求“既要金山银山，也要绿水青山”一样；未来已经到了“宁要青山绿色，也不要金山银山”新阶段；而要实现“绿水青山就是金山银山”的关键就是制定绿色低碳发展的创新性政策，实施低碳发展绿色发展的约束性制度体系。虽然，我们仍然处于低碳和绿水青山时期，还无法变成金山银山，因为人们还处在对金山银山的追求胜过对绿水青山追求，只有将绿水青山也变成金山银山，人们才会去主动性地大力推进低碳发展，但绿色低碳发展的趋势已经显现。

二、中国低碳扶贫实践逐步推进

中国目前在贫困地区也积极开展低碳发展和低碳扶贫创新探索。低碳扶贫的方式主要有：开发农业 CDM 项目、设立财政“低碳扶贫”专项、试点“多边低碳扶贫模式”以及帮助贫困地区开展 PCDM 项目，建立多元碳金融体系，制定碳汇产业、生物质能产业、有机农业等低碳产业规划，发展有机农业、生态旅游，实施保护性耕地补偿、农业节水补偿、退耕还林等政策，成立民间低碳发展基金等绿色减贫方式相继在全国部分贫困地区推出。我国正在实施“生态文明建设国家生态文明先行示范区”试点，也有很多示范区在贫困地区，是生态文明建设与减贫相结合先进典范，是推进绿色减贫、低碳扶贫的试验场。近年来，国务院扶贫办与联合国开发计划署、亚洲开发银行等国际组织合作开展了低碳扶贫相关专题研究，与北京市环境交易所合作，在四川等地开展低碳扶贫相关项目试点，形成了一些理论成果，积累了一些实践经验。2013 年开展的扶贫开发六大机制改革创新和十大扶贫重点工作中的贫困县考核机制就是由主要考核地区生产总值向主要考核扶贫开发工作成效转变，实际上就是绿色低碳扶贫的制度保障。10 项重点工作中的特色产业增收、乡村旅游、教育扶贫、卫生和计划生育、文化建设和贫困村信息化等都直接表现为低碳发展全新理念。扶贫开发中的特色扶贫品牌就是低碳扶贫的典型。如异地搬迁，在很大程度上就是生态移民搬迁，就是低碳发展。“雨露计划”则是提升贫困地区劳动力的能力培训技能，同样是低碳发展的一种方式。

三、贫困地区低碳发展潜力巨大

从贫困地区自然资源、生态环境条件、山川河流和人类建设景观状态来看，还处于相对的低碳发展水平。之所以说是相对的低碳发展，原因是它比发达地区的发展更加低碳化。无论从资源开发程度还是从区域来说，贫困地区低碳水平程度高于发达地区，这是不容否认的。中国低碳发展的关键在农村，农村低碳发展的关键在贫困地区。没有贫困地区的低碳发展，就没有中国的低碳发展。

贫困地区的低碳发展拓展了可持续的扶贫资源，营造了持续发展的新动力，带动了产业“跨越式升级”，提升了脆弱生态发展能力。贫困地区低碳发展创新了扶贫机制。贫困地区是低碳发展的最大市场，低碳市场，可促进“生存型脱贫”向“发展型脱贫”转变和扶贫开发机制创新。贫困地区是体现“美丽中国、美丽乡村、美丽城镇”，在应对气候变化中最具挑战性，既面临快速城镇化和工业化挑战，又面临脆弱生态环境和资源强力约束。贫困地区低碳的同步性推进，不仅决定其自身，对其他地区乃至全国应对气候变化总体目标的实现也至关重要。

四、低碳扶贫面领着挑战不容忽视

推进低碳发展和低碳扶贫并非一帆风顺，面临的特殊性困难和严峻挑战也不容忽视。例如：在我国贫困人口仍有8249万的情况下，开展低碳发展和低碳扶贫是否会影响贫困户收入增长和减贫脱贫任务完成？低碳发展和低碳扶贫是否为贫困家庭所欢迎？贫困地区低碳发展和低碳扶贫的高效模式是什么？低碳扶贫效果如何进行科学客观的评价？国家财政、信贷和区域政策，包括扶贫政策，如何支持低碳发展和低碳扶贫，贫困地区的产业结构优化、自我发展能力的提升等如何按照低碳扶贫理念来优化，如何建立政府、社会和市场相结合的低碳扶贫新模式，贫困地区的低碳发展和低碳扶贫如何与目前的精准扶贫、考核机制改革创新、金融扶贫和驻村帮扶等六大机制和十项重点工作相对接等等。集中到一点就是，低碳发展如何以减贫脱贫为目标，以消除贫困为使命，处处以扶贫脱贫为前提。贫困地区低碳发展，既不刻意限制发展，更不减弱贫困地区扶贫力度，决不能降低贫困地区的生活水平，而应该在改进贫困地区发展方式中寻找符合自身特色、跨越式、高效实用实惠的低碳扶贫道路。

五、低碳扶贫关键是制度创新

低碳扶贫是中国扶贫创新路径之一，面临的挑战更加严峻，需要不断进行研究探索，而以下几个方面制度创新则尤为重要：第一、研究和探索适合中国特色的低碳扶贫发展模式，即将探索研究低碳发展寓于扶贫开发之中，扶贫开发融入低碳发展之中不同特色模式。第二、配合国家低碳发展规划，按照世界通行的“共同而有区别责任”原则，研究制定中国“共同而有倾斜”的低碳发展和低碳扶贫财政投入保障机制和中国碳汇市场交易制度。第三、研究和探索贫困地区碳资源进行资产化的新方式和新方法，为贫困人口增收开辟新路径，让贫困地区的山山水水，一草一木，都变成可以获得真正价值的回报。第四、研究和探索建立全社会参与的低碳扶贫基金新路径，构建促进低碳扶贫的社会新动力。第五、制定我国低碳扶贫的创新试点规划。推动低碳扶贫，不但需要研究，更需要积极开展低碳扶贫的探索和实践，我们将支持和推动低碳扶贫的各类试点，不断探索低碳扶贫的新途径新模式。要积极推动低碳减排和扶贫结合的各类试点，不断探索低碳扶贫的新途径、新模式。第六、深化低碳扶贫研究，要重点加强扶贫减排项目的区划研究、成本研究、风险研究和模式研究，努力探索适应不同地区特别是集中连片特殊困难地区的扶贫减排模式。

“中国扶贫日”与共进小康之梦想

（2014 年 9 月国内外减贫热点专题评论）

2014 年注定是中国扶贫最有历史纪念意义的重要之年，2014 年习近平总书记多次视察贫困地区并做出重要指示，国务院总理李克强在人代会上提出“继续向贫困宣战”，2014 年 1 月 25 日，中共中央办公厅、国务院办公厅印发了《关于创新机制扎实推进农村扶贫开发工作的意见》，全面部署了我国新时期扶贫脱贫新战略和新行动，2014 年 8 月 1 日，国务院批准同意设立“10 月 17 日”为中国扶贫日。国务院副总理汪洋主持研究扶贫日工作，国务院扶贫办印发《2014 年扶贫日活动方案》，各省市自治区高度重视扶贫日，并就相关工作做出部署。全国社会各界纷纷响应，积极筹划 10・17 扶贫日活动。中国扶贫日的确定，标志着中国扶贫进入到了一个新的历史时期，是中国继续向贫困宣战的集结号，是中国走向共同小康社会、走向共同富裕梦想的冲锋号，更是中国政府对扶贫工作重视和全社会共同责任的体现，是形成中国扶贫文化的新考验和新体验。

一、从“国际消贫日”到设立“中国扶贫日”

减贫是全球面临的共同挑战和难题，是世界各国共同关注和共同行动最一致而无分歧主题之一，也是人类进步和文明发展的重要标志。国际消除贫困日，是联合国组织在 1992 年 12 月 22 日会议上通过 47/196 决议，从 1993 年起把每年 10 月 17 日定为国际消贫日，提高全球的消贫意识，每年联合国为此纪念日订立主题。2007—2013 年世界消除贫困日主题：贫困人口是变革者、贫困人群的人权和尊严、儿童及家庭抗贫呼声、缩小贫穷与体面工作之间的差距、关注贫困，促进社会进步和发展、消除极端贫穷暴力：促进赋权，建设和平、从极端贫困人群中汲取经验和知识，共同建立一个没有歧视的世界等等。我国从2007年开始连续7年开展了“国际消贫日”国际高层论坛。2010年广东省经国务院批准率先设立了“广东扶贫济困日”，3年来，累计接受社会各界认捐款物134.4亿元，实现了3409个贫困村157万贫困人口的脱贫增收，扶贫济困日已经成为广东省社会力量参与扶贫开发的有效平台。2014年8月1日国务院正式批准设立了“10月17日”为中国扶贫日。中国扶贫日设立的意义主要表现在：（一）是中华民族守望相助、扶贫济困传统美德的继承和发扬，也是践行社会主义核心价值观的体现。（二）是党和政府对扶贫开发的高度重视和贫困人口的关心，彰显了政府继续向贫困宣战的决心。（三）是创新和号召社会扶贫参与的动员令和平台，也是扶贫脱贫力量和成就的一次展示和宣传，更是扶贫脱贫理论和实践的交流活动。2014年首届扶贫日活动，将开启新时期中国扶贫脱贫历史篇章，标志着扶贫开发新时代来临。

二、扶贫济困传统美德发扬——扶贫文化重新开启

“中国扶贫日”设立的历史意义就在于在新时期形成中国扶贫文化再凝聚。市场经济发展给国家社会带来了经济的繁荣和国家经济实力增强，但综合国力增强除了经济实力之外，还有国家精神理念和文化意识等软实力的增强，富裕不仅仅是金山银山的财富，还包括了精神财富的拥有。一个人的小康和富裕不是真正小康和富裕，只有全社会的小康和富裕才是真正的小康和富裕。扶贫济困就是让一人的小康和富裕走向全社会共同小康和富裕的过程，扶贫济困不是个人财富的损害和减少，而是个人财富的增值和升华。给别人带来幸福，才是最大的幸福。给别人带来快乐才是最大快乐。在目前我国扶贫脱贫过程中，扶贫文化重新开启，正是“中国扶贫日”设立的重要意义之一。扶贫济困实际上是中国传统美德的发扬和延续。在中国的传统文化当中，济贫思想可谓源远流长。大体说来，包括了儒家的“民本”“仁政”“大同”思想；墨家的“兼爱”思想；道家的“德治”思想；所谓“民本”“仁政”，认为执政当局应当以民为本，以仁为纲。《礼记》曰：“以保息养万民，一曰慈幼，二曰养老，三曰振穷、四曰恤贫，五曰宽疾，六曰安富”。其中明确提出了要“振穷恤贫”。《孟子》中也说道：“恻隐之心，仁之端也”，所谓“大同”，在这里是指对贫困问题的社会控制。《孟子》说：“人饥己饥，人溺己溺”，“出入相友，守望相助，疾病相扶持，则百姓亲睦”。主张人民之间在贫困等问题上相互帮助。墨子主张“兼相爱、交相利”的兼爱思想。提倡建立在爱心基础上的互助互济：“有力

者疾以助人，有财者勉以分人，有道者劝以教人。若此，则饥者得食，寒者得衣，乱者得治。若饥则得食，寒则得衣，乱则得治，此安生生”。提出了在济贫问题上的“有力出力，有财出财”。可见，扶贫济困乃中国传统美德。

三、中国扶贫日——彰显消除贫困的全社会共同责任

中国扶贫日的设立不简单理解为宣传活动，其深层含义在于扶贫脱贫是一种社会共同责任，需要全社会共同参与推进和完成。消除贫困、改善民生、共同富裕是中国特色社会主义的本质要求，也是全社会的共同责任。消除贫困，不仅是贫困地区政府和扶贫部门职责，也是全社会整个国家的共同责任和义务。既然是全社会的共同责任，就必须制定一个社会约束机制，建立共同负责、共同参与的制度和机制。第一是制定“消除贫困—全社会共同责任”国家政策。正像计划生育和保护耕地以及环境保护是国家基本国策一样，消除贫困也应该是一项基本国策，全社会都应担负起消除贫困的责任和义务，国家制定一个专门的政策和法律，让每个社会公民和团体都能分担消除贫困的责任和义务，这样将会大大完善我国扶贫开发治理体系建设，提升我国扶贫开发治理能力现代化水平。第二是充分发挥政府引导和市场机制作用，构建政府、市场、社会协同推进的大扶贫开发格局。通过进一步市场化改革调动社会创造力，通过政府不断加大扶贫力度创造脱贫环境，通过研究完善相关政策，建立社会扶贫服务平台，鼓励和引导各类企业、社会组织和个人等社会力量积极参与扶贫开发。

四、中国扶贫日——促进扶贫倾斜政策即扶贫优先

“中国扶贫日”的设立，彰显了国家政府对扶贫脱贫工作的重视，“扶贫日”不是一天能够完成的扶贫，设立扶贫日就在于扶贫的艰难性、重要性和迫切性。扶贫脱贫是国家发展战略重要且特殊组成部分。首先，消除贫困，改善民生，实现共同富裕，是社会主义本质要求。贫困特殊性和扶贫脱贫艰难性也决定了扶贫脱贫应该优先。扶贫脱贫关系着国家稳定和发展，必须优先。扶贫脱贫是实现“中国梦”重点和难点，应该优先。扶贫脱贫对维护民族团结有着不可或缺的作用，民族问题需要政策优先。第一、国家应根据贫困人口的比例和贫困地区面积比例，确定每年国家专项扶贫财政资金规模。第二、国家在公路铁路和道路建设、生产水利和安全用水建设、贫困地区的通电建设、特色产

业发展和乡村旅游建设以及文化、教育、卫生医疗等社会保障和信息化建设方面，优先贫困地区的建设预算投资。第三、国家要在金融政策方面实现向贫困地区的倾斜和优先、优惠政策，制定贫困地区的特惠金融政策。在利率、贷款标准、还款期限等方面制定专项优惠政策，从而加快贫困地区扶贫脱贫步伐。

唱响扶贫日，宣传扶贫日，弘扬扶贫文化、形成扶贫新文化氛围，构建政府、社会和市场的社会扶贫大格局，确立扶贫脱贫的全社会共同责任理念，推进扶贫优先的国家政策基点，勇敢地承担起扶贫脱贫的历史使命，将是实现中华民族复兴的“中国梦”最大历史功绩所在。

“十三五”规划与扶贫脱贫

（2014 年 10 月国内外减贫热点专题评论）

2014 年是国家社会经济发展实施“十二五”规划的第四年，也是国家启动“十三五”规划前期研究的重要一年。国家发改委从 2014 年 5 月起已经开始启动国家“十三五”前期研究各项工作，为 2015 年制定“十三五”规划做好准备。扶贫脱贫在我国“十三五”期间的重要性和特殊性将更加明显，其任务也将更加艰巨，制定“十三五：扶贫脱贫规划”也显得极其必要。

一、“十三五”期间我国扶贫脱贫趋势判断

“十三五”时期是我国实现全面建成小康社会和全面深化改革开放的关键时期，也是我国扶贫开发的攻坚期，是加快推进完善扶贫开发治理能力体系和提升扶贫治理能力现代化的战略机遇期，更是实现中国农村扶贫开发纲要制定目标的攻坚期和决战期。

第一、“十三五”是我国扶贫开发的战略机遇期，扶贫开发在我国社会经济发展地位和重要性将更加凸显。一方面“十三五”期间，是中国全面建成小康社会目标的关键时期，而扶贫开发成效则是决定全面建成小康社会目标能否实现的关键因素，没有贫困地区的全面小康，就没有全国的全面小康。建成小康社会目标的迫切性，决定了扶贫开发的紧迫性和重要性。另一方面，全面深化改革的推进，新型城镇化、城乡一体化和现代农业改革，以及丝绸之路经济带和海上丝绸之路等区域发展战略、国家治理能力体系和治理能力现代化的积极推进，《集中连片特殊困难地区区域发展和扶贫攻坚规划》将国家和社会各种力量的凝聚，为扶贫开发创造了良好的发展机遇，将扶贫脱贫纳入到国家战略和政策体系之中，是大势所趋。

第二、“十三五”期间是我国扶贫开发的攻坚期和决战期。“十三五”期间

是《中国农村扶贫开发纲要（2011–2020年）》的最后5年，贫困标准提高后贫困人口规模扩大，扶贫任务和难度增加，使实现到2020年达到“两不愁三保障、一高于一接近一扭转”目标（稳定实现扶贫对象不愁吃、不愁穿，保障义务教育、基本医疗和住房。贫困地区农民人均纯收入增长幅度高于全国平均水平，基本公共服务主要领域指标接近全国平均水平，扭转发展差距扩大趋势）难度增加，扶贫开发进入到了关键的决战期和攻坚期。

第三、“十三五”期间，是我国扶贫开发进入到消除绝对贫困的关键阶段，到“十三五”时期末，将是从消除绝对贫困向消除减缓相对贫困转变的重要转折点。2015年到2020年期间，我国扶贫开发将是完成解决温饱和巩固温饱成果、加快脱贫致富、改善生态环境、提高发展能力阶段，2021年是实现建党100周年小康目标。要实现基本消除绝对贫困和极度贫困，国家扶贫脱贫重点和重心将转向减少相对贫困和缩小个体差距和缩小发展差距的新阶段。

第四、“十三五”期间，我国扶贫开发的改革创新目标是探索中国特色扶贫开发道路，积极完善扶贫治理体系和提升扶贫治理能力现代化。中国特色的扶贫脱贫道路和扶贫脱贫治理体系，体现在扶贫脱贫治理的基础能力提升，扶贫脱贫治理的社会发展（治理）能力提升和可持续发展的特色产业扶贫脱贫能力提升。

第五、“十三五”将以片区规划和到村到户精准扶贫相结合为主导，全面推进我国扶贫开发整体进程。通过强化精准扶贫，实行精细化管理，精确化资源配置，对扶贫对象实现精准化扶持。明确区域发展带动扶贫开发，扶贫开发促进区域发展工作思路，解决贫困村、户发展致富所面临共性约束，统筹推进区域经济社会发展。推动实施连片特困地区区域发展与扶贫攻坚规划，对贫困村、贫困户实施精准扶贫，区域发展带动扶贫开发，扶贫开发促进区域发展。

第六、“十三五”期间扶贫脱贫进入到社会大扶贫格局的快速发展壮大阶段。伴随我国扶贫开发的快速推进，“十三五”期间，我国扶贫开发将会进入到一个社会各方面力量积极参与，各种社会资源得到整合，形成政府、市场、社会协同推进的大扶贫开发格局。这将是“十三五”期间我国扶贫开发最显著的变化。

第七、“十三五”期间，我国扶贫开发将进入到内源发展机制与外源拉动机制相结合，从单纯的外源推动为重点，转向培育内源发展机制快速形成阶段。要实现从“输血”到“造血”功能的转化，从“造血”到“造好血”提升的快速推进阶段。

第八、“十三五”期间，我国扶贫开发将会积极推进绿色低碳扶贫理念创新和发展。顺应我国发展方式的转变和生态文明建设潮流，扶贫开发也将在绿色低碳扶贫方面实现新突破新发展，并将成为我国扶贫开发创新发展新动力和新支撑。

二、做好“十三五”扶贫脱贫规划必要且迫切

积极探索中国特色社会主义扶贫脱贫道路，完善扶贫脱贫治理体系，提升扶贫脱贫治理能力现代化，需要科学制定“十三五”期间扶贫脱贫规划。第一、制定“十三五”期间扶贫脱贫规划是顺应和对接国家社会经济发展五年规划重要内容。扶贫脱贫是国家社会经济发展重要内容。第二、前面已经提到，“十三五”期间是国家实现建成小康社会和实现两个 100 年目标最关键的 5 年，而扶贫脱贫是建成小康社会目标的决定性因素，没有贫困地区的全面小康，就没有全国的小康社会，因此，制定“十三五”扶贫脱贫规划完全必要。第三、制定“十三五”期间扶贫脱贫规划，并将其纳入到国家“十三五”规划中，将有利于《中国农村扶贫开发纲要（2011-2020 年）》目标的实现，有利于充分调动全社会积极性和主动性。第四、积极参加国家行业和地方“十三五”规划制定，是扶贫脱贫 2014—2015 年的重要工作之一。主动参与国家行业“十三五”发展规划前期研究及规划起草制定，主动参与地方各级政府“十三五”前期研究、规划起草制定，制动汇报扶贫脱贫的思路想法，尽可能让社会各界了解扶贫脱贫重要性，认识扶贫脱贫的迫切性，才能提升扶贫脱贫社会地位和作用，也才能消除和减少对扶贫脱贫工作上的不理解不熟悉，有利于国家在制定扶贫脱贫政策上的优先和倾斜，从而加快扶贫脱贫进程和效果。第五、鼓励社会各界为“十三五”扶贫脱贫献计献策，齐心协力推进扶贫脱贫再上新台阶。

新时期国家政策基点之一：扶贫脱贫要优先

（2014 年 11 月国内外减贫热点专题评论）

新时期的中国扶贫脱贫面临着良好机遇，但也面临着严峻挑战。机遇来自国家领导人的高度重视和扶贫脱贫在国家战略目标和全面深化改革目标的重要性和地位凸显，扶贫脱贫是我国战略发展必须选择，是实现中国梦迫在眉睫的任务。挑战则来自客观困难和主观上的传统认识思维和政策习惯行为，客观挑战不仅仅表现在贫困地区特殊性和差异性以及扶贫脱贫艰难性，也表现在扶贫脱贫在市场经济条件下比较优势缺失和经济效益相对较低，甚至很低，从经济效益的评价上还处于劣势。主观性上讲，长期以来，国家政策偏向和偏好即习惯，总是更倾向于支持和倾斜于可快速获得较高经济效益和政绩的发达地区或者发达人群等，通过优先发展和快速推进提升国家总体实力，即所谓市场经济还存在“嫌贫爱富”弊端，而对落后地区贫困地区，因其“成本高、效益差、见效慢”，在市场经济条件下，国家更加偏向效率优先，而往往被忽略。事实上，改革开放 30 多年来，人们更喜欢宏观政策上能“锦上添花”，而不习惯于“雪中送炭”，从而，导致富裕与贫穷之间“马太效应”愈演愈烈，给新时期扶贫脱贫带来了巨大挑战。因此，新时期扶贫脱贫需要国家和社会在思想上、理念上和政策上，必须树立扶贫脱贫新观念即扶贫脱贫要优先，推进扶贫优先的国家政策基点，勇敢地承担起扶贫脱贫历史使命，这将是实现中华民族伟大复兴的“中国梦”最大历史功绩所在。

一、新时期扶贫脱贫：为什么要优先？

消除贫困，改善民生，实现共同富裕，是社会主义本质要求，扶贫脱贫要优先是社会主义市场经济前提，必须优先。中国自 1949 年以来的社会主义建设发展历史，从本质上说就是消除贫困改善民生实现共同富裕的历史，无论是

1949年到1978年减贫道路探索阶段，还是20世纪80年代中期开始启动的有计划有组织大规模的《国家八七扶贫攻坚计划（1994—2000年）》，以及《中国农村扶贫开发纲要（2001—2010年）》和《中国农村扶贫开发纲要（2011—2020年）》，扶贫开发一直伴随着中国社会主义建设和市场经济体制改革的全过程。中国改革开放30多年来，实施了市场经济的改革转型，但从来都是社会主义基本制度下的市场经济，不能离开社会主义的大方向和本质要求，离不开共产党领导下为全体人民群众共同富裕。因此，新时期，消除贫困、改善民生、实现共同富裕的社会主义本质要求决定了必须扶贫脱贫优先。

贫困特殊性和扶贫脱贫艰难性也决定了扶贫脱贫应该优先。目前，我国680多个贫困县划入集中连片特殊困难地区扶贫攻坚规划中，占全国县数量将近25%。按照新的贫困标准，2012年我国贫困人口有1.2亿左右，占到全国人口9%左右。从区域分布来看，目前贫困人口除了分布在新疆、西藏、内蒙古、甘肃、云南、广西、贵州等中西部外，广东、福建、辽宁、山东等东部发达地区同样存在着贫困人口，可见，扶贫治理在整个国家中占据着重要部分。众所周知，贫困群体是特殊性的脆弱群体，生存能力、生计能力和发展能力都很脆弱。贫困区域又是自然生态条件差、经济落后、市场要素不发达、资本缺乏的特殊脆弱区域，往往又是自然灾害多发区，从而导致贫困与灾害重叠，扶贫治理与防灾减灾叠加的特殊性，同时扶贫开发治理的区域又多位于老、少、边、穷等特殊地区，加上自然社会经济条件变化不确定性和改变的艰难性，多民族文化传统因素复杂性，边疆地区国家安全特殊性，革命老区特殊性等等。

扶贫脱贫关系着国家稳定和发展，必须优先。从中外历史发展的经验可以看出，扶贫脱贫是决定和影响国家稳定持续发展的根本性因素。从国际上看，在典型的前工业革命社会，所谓马尔萨斯式的贫困恶性循环不断出现，或者说人均收入周而复始地回到生存水平，社会发展周而复始的循环的一个重要原因就是国家治理体系落后和变革滞后，导致治理能力弱化。从现代国家发展现状来看，也同样如此，东欧、中东和北非的国家动荡以及新近乌克兰突变，根本原因还在于贫困问题日益严重，显示出治理体系脆弱化。考察中国历史朝代更替变化，都与贫困及治理有着千丝万缕的联系，即当新朝代建立时，由于实施土地变革，农民收入提高，但随时间推移，就会出现地主富农及失地农民，贫富差距出现，矛盾和冲突加大，随之出现极度贫困的农民起义，推翻旧朝代，形成了“新朝代建立——贫困缓解——贫困出现——贫困加重——农民起义——朝代更替”循环往复。事实上，这种循环往复根源是由贫困而引起并导致的结果。我国改革开放30多年来，社会经济稳步发展，其主要原因就是国家实施了扶贫开发战略，初步建立了有利于消除贫困和减少贫困的扶贫治理体系框架，贫困治理能力得以提升。由此可见，贫困解决程度即扶贫开发效果是检验和衡量国家治理体系和治理能力现代化的重要指标。

扶贫脱贫是实现“中国梦”的重点和难点，应该优先。中国梦的实质就是摆脱贫困，摆脱贫穷，改变落后，建成小康社会，奔向富裕和走向文明。尽管我国经济总量居世界第二，综合国力不断增强，人民生活水平不断提升。但是，如果从人均水平来看，我们仍然处于世界第80名左右，平均实力和水平还比较低，而且从目前我国还有贫困人口1.2亿多绝对数量来看，根据管理学中的木桶理论，决定水桶盛水量多少的关键因素不是其最长板块，而是其最短板块。我国要实现中国梦，决定性因素不是城市，而在农村，在于农村贫困地区和贫困人口这块短板。事实上，我国目前与发达欧美国家的差距不在城市，而主要在农村。所以说“三农”是我国目前和未来各项工作之重点，而贫困地区（包括老、少、边）是“三农”工作之重点。因此，扶贫开发是重中之重的重点和难点，也是影响和决定实现“中国梦”的重点和难点。没有贫困地区小康，就没有国家的全面小康。贫困地区扶贫脱贫成效就决定中国小康社会建设是否建成。

扶贫脱贫对维护民族团结有着不可或缺的作用，民族地区扶贫脱贫需要政策优先。扶贫开发除了前面所提到的作用之外，在民族团结、民族文化繁荣中有着重要使命。资料显示，虽然少数民族地区贫困状况大大改善，但民族地区贫困发生率依然较高，民族地区扶贫开发任务仍然很艰巨，在多民族文化繁荣和融合发展中，扶贫开发担负的特殊性使命和作用越来越重要。

扶贫脱贫是国家外交和国家全球化发展战略的重要补充，也是国家合作最佳模式，扶贫脱贫优先是国家惯例，应该优先。从国际社会发展看，减贫优先所以形成共识，2012年联合国可持续发展大会的主题就是“在可持续发展和减贫背景下的绿色经济”，其主要成果之一即提出建立“可持续发展目标（SDGs）”，并将其与“后千年发展目标（Post-MDGs）”相结合，建立新的全球发展议程，提出要以绿色增长模式来取代传统的主要依靠资源和环境的增长模式，以消除贫困，实现可持续发展。低碳发展、绿色发展和可持续发展。与此同时，国际扶贫和对外援助，在现代国际政治外交和经贸合作中的特殊性作用也同样越来越明显，因为国际扶贫是当代国际关系的不可缺少内容，几乎所有国家都与国际扶贫和经济援助有着联系，而国际扶贫自身又是全球各国共识，更多体现的是人道主义关怀，避免和减少了社会制度文化宗教等差异和冲突，从而提高了世界扶贫总体效果，而我国在减贫领域取得的巨大成就和积累的丰富经验，也被国际社会所推崇，这种优势和基础，也为中国发挥国家扶贫在拓展国际政治经济外交合作奠定了良好基础。在当前国际社会竞争日益复杂的条件下建立起的相对平衡状态，新要素的注入，必将打破旧有平衡并转向有利于自身的新平衡，而国际扶贫是影响世界政治经济外交局势的有效载体，有着其他要素无法具有的作用。

二、如何推进扶贫脱贫要优先？

扶贫脱贫要优先，是新时期国家政策的基点之一，但要将这一理念为所有人所认知、认可和认同，还需要付出很大努力，没有社会各界的认知、认可和认同，必然会受到怀疑、质疑甚至反对。为此，就需要社会各界尤其是政策制定者和广大研究者、广大的贫困地区和扶贫系统全面、系统、科学、客观地进行研究、策划、宣传扶贫脱贫优先的必要性和重要性，让社会各界尤其是中央和国家地方各级领导、政策制定者、研究者，进一步了解中国国情和贫困现状，消除人们旧传统理念和习惯行为范式，只有这样，才能加快扶贫脱贫的步伐，提前实现中国小康社会和两个100年民族复兴的中国梦。

第一，强化扶贫脱贫的研究和宣传力度，动员社会力量，积极投入到扶贫脱贫的研究中，积极组织和鼓励社会各界到贫困地区调研和考察，了解贫困和扶贫脱贫的现状，让所有中国人都了解中国贫困的现状和扶贫脱贫的进程，为国家扶贫脱贫要优先提供基础的社会环境。国家扶贫办应积极支持和鼓励科研教学机构建立扶贫研究机构，积极支持搭建扶贫研究平台，积极支持开展扶贫脱贫论坛、研讨会等活动。

第二，组织力量，积极吸收不同领域专业的国家部委和地方政府管理人员和政策制定者参与扶贫脱贫进程中来，利用其智慧力量，一方面为扶贫脱贫出谋划策，另一方面，了解贫困地区和扶贫脱贫现状和进程，发现新问题，提出新对策，与此同时，也可以客观真实评价贫困和扶贫脱贫进程，为扶贫脱贫要优先提供一个良好的研究环境基础，积极支持社会各界开展扶贫脱贫研究。

第三，充分利用片区规划实施有利时机，积极开展与片区部委牵头联系单位的扶贫脱贫的合作，并以此为平台，积极搭建和创新长期稳定的扶贫脱贫合作机制，将中央国家部委作为扶贫脱贫要优先的突破口。

第四，积极投入到国家和地方以及部委的“十三五”规划研究和制定中，将扶贫脱贫工作融入到每一个环节和渠道，从而在十三五规划中将扶贫脱贫优先融入其中，在地方十三五规划中，各级扶贫部门要主动参与其中，力求将片区规划的重大项目和重大工程尽可能多纳入其中。

第五，国家在宏观政策上应该做到扶贫脱贫优先。为此建议：国家应根据贫困人口比例和贫困地区区域面积比例，以扶贫脱贫效果为依据，提高每年国家专项扶贫财政资金规模。国家在公路铁路和道路建设、生产水利和安全用水建设、贫困地区的通电建设、特色产业发展和乡村旅游建设以及文化、教育、卫生医疗等社会保障和信息化建设方面，优先贫困地区的建设预算投资。国家要在金融政策方面实现向贫困地区的倾斜和优先、优惠政策，制定贫困地区的特惠金融政策。在利率、贷款标准、还款期限等方面制定专项优惠政策，从而加快贫困地区扶贫脱贫步伐。

第六，提升国家扶贫办和地方扶贫办级别，增加国家扶贫机构和贫困地区地方扶贫机构队伍力量，适当扩大编制规模，提高扶贫脱贫效果。

适应新常态、把握新机遇、迎接新挑战、创新扶贫新理念

（2014 年 12 月国内外减贫热点专题评论）

从 2013 年开始，我国经济开始进入到新的发展阶段即“经济新常态”，其主要特点是：其一、经济增长速度“从高速增长转为中高速增长”，其二、经济结构开始转入不断优化升级，其三、经济增长动力“从要素驱动、投资驱动转向创新驱动”。“新常态”是国际社会经济发展和国内社会经济发展内在要求的必然结果，在未来的相当时间内，将成为我国社会经济发展的总体格局。因此，适应新常态、把握新机遇、迎接新挑战、创新扶贫新理念、制定新对策，是当前和未来扶贫开发面临的迫在眉睫的任务。

一、经济新常态给新时期扶贫开发带来新挑战、新考验

经济新常态将给整个经济运行体系和状态带来重大变化，也会给扶贫开发带来新挑战和新考验。

经济增长速度放缓将会相应地降低减贫效应，给每年减贫 1000 万任务带来新难度和压力。经济由高速转入中高速后所出现的趋势性下滑，会引起一系列宏观经济指标如储蓄、投资、物价、就业、财政收支（包括赤字）、国际收支、人民币汇率、货币供给、利率等等呈现新变化，这种增速下降及结构性调整，会不断地波及到贫困地区和贫困人口以及扶贫开发政策效果，从而使经济增长的减贫效应和投资增长的减贫效应降低。与此同时，一个严峻的问题是消费需求对经济增长的拉动力仍然较弱，消费需求对于经济的拉动能力较弱。在经济增长由依靠投资拉动向依靠消费拉动的转变过程中，贫困地区面临的压力更大，困难不容小觑。经济增长速度减低，从而通过区域经济发展带动扶贫开

发的能力相对应会减少，投资增长减少，预示着投资乘数效应的减弱，带动贫困地区扶贫开发和贫困人口就业能力的减弱，这必然带来贫困人口收入水平的下降，每年要完成减少1000万贫困人口目标任务，显然难度比以前增加了。按照经济周期理论，完成经济新常态的周期至少应在5–10年时间。因此，对到2020年实现“两不愁三保障”和实现建成小康社会的目标任务，是一个很大考验。

新常态预示着扶贫开发和减贫的动力机制发生新变化。我国扶贫开发和减贫的动力机制是长期摸索结果，经济形态和产业结构及区域社会经济发展特色和运行惯性，创造了贫困地区各具特色扶贫减贫动力机制。新常态预示着，扶贫减贫动力机制需要重新进行转换调整和完善甚至重构。一方面，传统的依靠“高投入、高消耗、高污染”主导性产业扶贫开发模式，将会被新常态下以环境保护为核心的生态绿色产业为主导的扶贫开发和减贫动力新体系所替代，这是一个必然趋势。实现贫困地区产业动力大转换，重新构建新型产业动力源包括绿色环保产业、林业、生态畜牧业和现代有机农业及新能源产业、新型战略性产业，以及以此为核心的新型生产性服务产业，诸如新型的生态金融产业、生态旅游、传统文化创意产业等等。新型的以环境保护为核心的生态产业、绿色产业与传统产业融合与转化的过程，实际上就是扶贫战略方式转化的过程，而这个过程对于扶贫开发来说，显然，难度是加大了。

新常态使减贫脱贫的路径和方式发生新变化。新常态不仅重构了减贫的动力机制，也改变了减贫的路径和方式，使得贫困人口的收入来源、生活方式、就业方式都发生了新变化，并将影响减贫的效率和效果。收入来源发生变化。由于新常态，过去所依靠的收入来源结构就会随之改变，外出打工将会减少。贫困地区农民就业方式发生新变化。产业结构变化，必然带来就业结构和方式出现新变化，贫困地区如何适应这种新变化，是一个现实挑战。

新常态可能会带来扶贫脱贫资金的新压力。经济增长放缓，国家财政会相应减少，是否会保持原有扶贫资金规模增幅将面临着不确定因素。企业利润下降，也预示着将给社会扶贫资金增加带来巨大冲击。金融机构在经济新常态下对资金管理上新政策，也同样可能会给扶贫脱贫带来新的压力和冲击。

二、经济新常态给新时期扶贫开发带来新机遇

经济新常态下的国家对扶贫减贫政策的重视程度加大，给扶贫减贫带来了

新机遇。最近刚刚开完的中央经济工作会议强调，要针对保障和改善民生，要求坚持守住底线、多些雪中送炭，更加注重保障基本民生，更加关注低收入群众生活，更加重视社会大局稳定。说明国家在新常态下，更多要做的是“雪中送炭”，而不是“锦上添花”。保障和改善民生——最基本最艰难的就是贫困人口和贫困地区。多做雪中送炭，更加注重保障基本民生，更加关注低收入群众生活，更加重视社会大局稳定——基本民生就是温饱、就是减贫。低收入群众中就包括着贫困群众，贫困群众是低收入群众中主要群体。更加重视社会大局稳定——消除贫困和减少收入差距是社会稳定的关键。新常态更加注重社会公平，构建以包容性增长为核心的新型增长模式，有利于促进扶贫和减贫。包容性增长即为倡导机会平等的增长，最基本含义即合理公平地分享经济增长，尤其是让更多人享受全球化成果；让弱势群体得到保护；其中最重要的表现是缩小收入分配差距。包容性增长为减贫提供了重要基点。新常态更加注重要素增长尤其人的要素增长，为贫困地区加大“人”的创新要素投入创造了条件。新常态更加强调人的要素，这就为贫困地区的能力提升、创业和创新发展提供了良好的机遇，只有推进贫困地区人的现代化，才能有贫困地区现代化。只有贫困地区人的生计能力、发展能力和创新能力提升，才有可能阻断贫困代际传递的基因。新常态为科技创新带来扶贫脱贫联动效应创造了新机遇。新常态要求守住“两条”底线、后发赶超，这也给扶贫工作带来实施创新驱动发展战略的新机遇。通过科技创新可以带动理念创新、管理创新、工作创新，推动科技和发展的深度融合。

三、把握新机遇、迎接新挑战、创新扶贫新理念

经济新常态的现实，决定了我国扶贫开发必须适应新常态、树立扶贫开发新理念、研究制定扶贫开发新部署、确定扶贫开发新行动。正像2014年全国扶贫工作会议所指出的要“创新思路方法，加大扶持力度，注重精准发力，坚持整体推进与精准到村到户、加快发展与保护生态、各方支持与贫困地区自身奋斗相结合，进一步完善政府、市场、社会协同推进的扶贫工作格局，加快贫困地区和贫困群众脱贫致富奔小康的步伐”，“新常态和扶贫工作的关系，是今年和未来一个时期扶贫工作要研究的重大课题，新常态下扶贫开发要有新认识、新理念、新举措、新作风。全面认识新常态、准确把握新常态、主动适应新常态。既要坚定信心、保持定力，抓住用好新常态蕴含的扶贫新机遇，又要高度

重视扶贫面临的挑战”。

第一、经济新常态将是一个长期过程，需要提早制定扶贫新理念、新方法和新思路以及长期政策规划。经济新常态将是一个长期推进过程，扶贫开发的战略思想和战略部署，必须以此为基础进行补充和完善，做好长期思想和精神准备。第二、经济新常态，并不意味着国家扶贫脱贫投资和关注度减弱，相反，国家将会更加关注和加大扶贫脱贫力度。扶贫脱贫的力度和强度将作为新常态中国家结构调整优化、经济质量和效益提升的重要方面，成为加大改善民生、雪中送炭的重要任务，列入国家经济新常态的政策转变重点。第三、适应经济新常态，要千方百计寻求社会扶贫功效的巨大动力，充分发挥社会力量，形成社会扶贫脱贫大格局。第四、适应经济新常态，要树立绿色减贫新理念，积极探索绿色低碳减贫新模式，实现反贫困和生态文明有机结合。绿色低碳和循环经济是经济新常态的主导形态，积极探索绿色低碳循环经济发展减贫创新模式，是新常态下贫困地区战略性选择。第五、适应新常态，要充分抓住国家“一带一路”区域发展战略机遇，加快实现区域内贫困地区脱贫致富。“一带一路”战略构想必将带动沿线地区经济迅速发展。充分利用丝绸之路经济带国家战略性政策推动，是改善我国西部贫困地区发展和扶贫脱贫的最好机遇。第六、新常态和扶贫工作的关系，是今年和未来一个时期扶贫工作要研究的重大课题。建议国家和地方扶贫办以及各级研究机构，积极合作开展新常态下扶贫开发理念创新、理论创新和实践创新思路等研究，为新常态下的中国扶贫开发做出新贡献。

2015年国内外减贫热点专题评论

补贫困短板 推扶贫优先政策
提升全面小康水平

（2015年1月国内外减贫热点专题评论）

减贫是世界各国面临的共同难题，但对要在2020年实现第一个一百年奋斗目标即全面建成小康社会的中国这样一个大国来说，减贫不仅时间紧迫，任务艰巨，更重要的是中国区域差异大，目前我国贫困人口还有8249万，集中分布在生产生活条件差、自然灾害多、基础设施落后的连片特困地区。一些地方还面临着吃水难、行路难、用电难、上学难、就医难、贷款难等诸多问题。所以，建成小康社会短板不在东部沿海的发达地区和城市，短板主要在农村，在贫困地区和贫困人口。正像中共中央总书记习近平在近期多次提到扶贫时指出“现在离2020年实现全面建成小康社会目标还有5年时间，按照国际标准我们的贫困人口还有不少。扶贫工作必须只争朝夕，决不能让贫困地区掉队。扶贫开发要增强紧迫感，真抓实干，要以更加明确的目标、更加有力的举措、更加有效的行动，深入实施精准扶贫，项目安排和资金使用都要提高精准度，扶到点上、根上，让贫困群众真正得到实惠”。从总书记近几年来多次视察贫困地区和针对扶贫开发的多次讲话以及最近几年国务院出台的各项政策等，都可以明显看出，扶贫减贫将成为未来5年中央和国务院的重点工作，将成为一项优先安排的工作。

一、补贫困和扶贫短板推扶贫优先和倾斜政策——“时不我待”

我们曾在11月份评论中对扶贫要优先有所论述，对为什么要优先，我们提出了“消除贫困，改善民生，实现共同富裕”是社会主义本质要求，扶贫脱贫要优先是社会主义市场经济前提，必须优先。贫困特殊性和扶贫脱贫艰难性也决定了扶贫脱贫应该优先。扶贫脱贫关系着国家稳定和发展，必须优先。扶贫脱贫是实现“中国梦”的重点和难点，应该优先。扶贫脱贫对维护民族团结有着不可或缺的作用，民族地区扶贫脱贫需要政策优先。扶贫脱贫是国家外交和国家全球化发展战略的重要补充，也是国家合作最佳模式，扶贫脱贫优先是国际惯例。对如何优先，也提出了“强化扶贫脱贫的研究和宣传力度，动员社会力量，积极投入到扶贫脱贫研究；组织力量，积极吸收不同领域专业的国家部委和地方政府管理人员和政策制定者参与扶贫脱贫进程；充分利用片区规划实施有利时机，将中央国家部委作为扶贫脱贫要优先的突破口；积极投入到国家和地方以及部委的“十三五”规划研究和制定中，力求将片区规划的重大项目和重大工程尽可能多纳入其中；提升国家扶贫办和地方扶贫办级别和强化机构队伍建设；国家在宏观政策上应该做到扶贫脱贫优先”等6项建议。我们认为国家扶贫优先和倾斜政策“时不我待”。其中关键和核心就是对实现第一个一百年奋斗目标即全面建成小康社会的中国这样一个大国来说，时间紧迫，任务艰巨、攻坚难度大，因此，必须“时不我待”，而扶贫优先政策的“时不我待”是前提，是基础。“时不我待”另一重要原因就是决定全国小康社会目标实现程度的关键因素是贫困地区和贫困人口的生活生产面貌和水平。从总体上来说，到2020年全面实现小康社会目标任务是没有问题的，尤其是全国绝大多数省份都能够完成这一目标，从平均水平来看，也肯定能够达到这一目标数值。但是，到2020年，全国小康社会水平和质量如何？对小康社会的实现程度来说，关键并起决定作用的因素就是贫困地区和贫困人口。正像习总书记所说“扶贫工作必须只争朝夕，决不能让贫困地区掉队。到2020年，如果贫困地区面貌改变不大，如期实现全面建成小康社会目标是说不出口的”“防止平均收入掩盖不平均的现象”等。因此，要“时不我待”地补贫困短板，才是小康社会目标实现的关键。

二、补贫困和扶贫短板，推扶贫优先政策——改革发展历史必然

扶贫优先是中国改革进入新阶段的必然要求。首先，这是改革走向新阶段的必然要求。中国自20世纪80年代从最贫困农村开始率先改革，实现了绝大多数农村地区极端贫困出现快速弱化和逐渐消除，很多地方吃穿得到明显改善。1984年后到20世纪末这一阶段，城市改革和企业改革包括区域改革，拉开了“让一部分地区和一部分人先富起来”的效率优先政策序幕，带动了我国城市经济快速发展和企业效益提升，东南沿海、珠三角和长三角快速发展带动了中国整体经济实力增强，但区域间不平衡性增大。所以，从1999年开始的西

部大开发、振兴东北老工业基地、中部崛起等区域联动政策的持续推出，实际上是我国实现均衡和公平优先政策的大转换，也就是从区域非均衡政策走向区域均衡发展政策大转换。这既是改革发展的必然，也是区域发展的必然。补贫困和扶贫短板，实际上是促进贫困地区和贫困人口均衡发展的重要组成部分。其次，这是历史必然趋势。从历史发展规律来看，当经济走向繁荣，资本不再成为短缺资源时，文化和精神的追求成为历史的必然。中国经过新中国成立后第一个 30 年建国立制的社会主义制度探索，第二个 30 年多年改革开放经济强国战略，到第三个 30 年则将转向公平发展和文化复兴的新阶段。因此，补贫困短板，推扶贫优先政策，是实现中国第三个 30 年国家发展战略（中国梦）的基础和前提，这是历史发展的必然选择。再次，这是新一届中央政府的重要举措和历史功绩体现之一。上一届中央政府经过 10 年时间，完成了中国经济实力排名第二的历史性跨越，实现取消农业税的历史性功绩，也实现了在国际地位的稳步提升。作为新一届中央政府，在原有基础上，将会顺应历史发展新形势，将提升国家社会文化元素的质量，构建规范公平的国家治理体系为主旨，以消除贫困和不公平为任务，以实现第一个一百年的中国梦为目标起点，托起新时期中国第二个一百年中国梦新的起跑点，夯实基础，其中消除贫困则是历史功绩的重要体现之一。最后，补贫困短板，推扶贫优先政策，也是未来国际社会的总目标和首要目标。减贫一直是国际社会长期努力的首要目标，联合国在制定千年发展目标时，首要目标就是消除贫困。近日，联合国秘书长潘基文发布题为“2030 年前通向尊严之路：消除贫困、变革生活和保护地球”的综合报告。在目标体系上，建议将可持续发展目标报告确定的 17 个可持续发展目标进一步整合为六大要素：

1. 尊严——消除贫困，战胜不平等；

2. 人民——确保健康生活、教育和妇女儿童权益；

3. 繁荣——实现强劲、包容性和变革性经济增长；

4. 地球——为社会和子孙后代保护生态系统；

5. 公正——倡导法治、人权、和平安全；

6. 伙伴关系——建立包容性、变革性的伙伴关系。可以看出，总目标和首要目标就是消除贫困和战胜不平等。

三、如何"补贫困和扶贫短板，推扶贫优先的国家政策"？

绝对贫困不消除，小康目标实现就不完全。5—6 年内时间的强约束，迫使国家必须将消除绝对贫困，作为全党全国和全社会的共同目标和首要目标来完成。为此，提出如下建议：

第一，将扶贫开发作为今后 6 年全党和全国的首要目标。中国社会主义市场经济体制的最大优点就是强大的国家资源动员能力，这是任何资本主义国家所无法相比的优势，这一优势在我国 30 年扶贫减贫工作、在突发性巨大灾害应对和恢复重建工作，在应对社会经济危机中充分显示了其无与伦比的效果。因此，在对应到 2020 年要实现全面建成小康社会目标——第一个一百年中国梦目标时，要有效补齐贫困和扶贫这一短板，就必须确立将扶贫开发作为今后 6 年全党和全国的首要目标，从中央和国家层面给予政策基点、战略思路规划指引和管理运行等全面优先倾斜。以目前我国现有经济实力、技术水平、人才规模和环境条件，完全可以实现消除绝对贫困，这必将在国家发展史上树立起历史性丰碑而永垂青史，也同样将会成为世界消除贫困的楷模而被众多国家长期推崇。

第二，建立扶贫减贫是社会共同责任的基本国策。一是制定"消除贫困—全社会共同责任"的国家政策。正像计划生育和保护耕地以及环境保护是国家基本国策一样，消除贫困也应该是一项基本国策。全社会都应担负起消除贫困的责任和义务，国家制定一个专门的政策和法律，让每个公民和社会团体都能分担消除贫困的责任和义务，这样将会大大完善我国扶贫开发治理体系建设，提升我国扶贫开发治理能力现代化水平。二是充分发挥政府引导和市场机制作用，构建政府、市场、社会协同推进的大扶贫开发格局。通过进一步市场化改革调动社会创造力，通过政府不断加大扶贫力度创造脱贫环境，通过研究完善相关政策，建立社会扶贫服务平台，鼓励和引导各类企业、社会组织和个人等社会力量积极参与扶贫开发。进一步拓展社会扶贫新思路新方法、创新社会扶贫新机制、动员和引导社会力量参与扶贫积极性、建立社会扶贫的高效对接平台，形成全社会参与扶贫减贫的新风尚和中华民族美德。

第三，研究制定新时期推进扶贫开发的新项目和新方式。在未来 5—6 年时间，国家要大幅度提高每年国家专项扶贫财政资金规模，基础设施建设（包括铁路、高速公路、贫困村交通道路网络、电力和水利等）优先安排贫困地区和革命老区，社会公共基础服务（包括教育、文化、卫生、信息化）等投资优先考虑贫困地区。优先提高贫困地区在社会保障方面的标准和覆盖率。金融信贷要专门制定倾斜和优先的优惠政策，积极探索贫困地区的特惠金融方式好方法。国家要积极推进并优先安排片区规划的投资项目资金，加快连片特困地区区域发展和扶贫攻坚步伐。

第四，加强国家和地方扶贫机构和队伍建设。国家要强化对贫困地区和扶贫机构的完善和人才队伍充实建设。重点关注和培养贫困地区和扶贫机构人才干部队伍的成长。

论精准扶贫与连片开发和整村推进

（2015年2月国内外减贫热点专题评论）

改革开放30多年来，中国扶贫开发成效明显，并为世界各国所推崇的重要原因之一就是不断创新扶贫开发模式。其中有三大扶贫重要模式或称扶贫思路功不可没。从时序推进来看，即整村推进、片区开发和精准扶贫。目前，距2020年全面建成小康社会目标剩下5年时间，如何补齐扶贫短板，关键是选择扶贫开发战略模式。社会各界包括研究者和实际工作者提出了很多思路建议，其中，将片区开发与精准扶贫到村到户相结合成为大家共识。但如何推进整村推进扶贫模式，相对提的越来越少，对此，本文想进行一些分析并提出一点看法。

一、整村推进是中国扶贫开发重要特色模式

自2001年开始在全国试点并推广整村推进扶贫开发模式，即以村为单位，以增加贫困群众收入为核心，以完善基础设施建设、发展社会公益事业、改善群众生产生活条件为重点，以促进经济社会文化全面发展为目标，整合资源、科学规划、集中投入、规范运作、分批实施、逐村验收的扶贫开发工作方式。实践证明，这一扶贫方式极大地改善了我国局部地区的贫困局面，降低了贫困人口数量，取得了有目共睹的减贫成就。对此，很多理论工作者、实践工作者进行了大量研究并取得了很多成果。无论是其扶贫的主体性、参与性和扶贫开发的整体性都取得了良好效果，也是非常有特色的扶贫开发模式。

二、整村推进在“十三五”仍将发挥特殊的聚集平台作用

自2010年以来实施的《中国农村扶贫开发纲要（2010—2020）》确定了要将集中连片特殊困难地区确定为扶贫开发主战场以来，以“区域发展带动扶贫

开发，以扶贫开发促进区域发展”取得了良好效果。片区规划监测报告数据已经显示，片区减贫效果高于全国平均水平，片区农民收入增长速度快于全国平均增长速度，片区居民人均消费增速也快于全国平均水平。当然，片区开发的重要意义还在于能够最大限度地调动国家部委和行业力量，与此同时，为形成社会扶贫大平台奠定了良好基础。而自 2013 年开始，《关于创新机制扎实推进农村扶贫开发工作的意见》出台后，改革创新六大扶贫脱贫机制和十项重要工作的积极推进，尤其是以精准识别、精准扶持、精准扶贫为核心，包括驻村帮扶、考核机制转变、金融扶贫和财政扶贫等机制的创新和十大重点工作的快速推进，扶贫脱贫的效果非常明显。数据显示，2014 年减贫目标超额完成，全年共减少农村贫困人口 1232 万，按年人均收入 2300 元（2010 年不变价）的国家农村扶贫标准测算，2014 年全国农村贫困人口为 7017 万人，减少 14.9%；贫困发生率为 7.2%，比上年下降 1.3 个百分点。从贫困人口区域分布来看，西部地区尚有贫困人口 3600 万，占全国一半左右，中部有 2461 万，东部有 956 万。展望未来，种种迹象表明，“十三五”将会是我国扶贫历史重要转折期，也是扶贫开发重要战略机遇期，到 2020 年后，我国扶贫开发将会从消除绝对贫困转入到减缓相对贫困阶段。特殊时期扶贫的特殊使命的艰巨性和紧迫性，决定了扶贫开发难度还是较大的。因此，我们认为，整村推进仍然是重要平台。

第一，整村推进是片区规划实施和片区开发重要单元补充。片区开发实施的主要单元在省和县，尤其是一些大的投资项目，均以省和县为基础，如交通，往往是主要的区域性交通建设等，乡镇和村的道路建设可能并不是重点，但是，对于贫困村来说，村内交通道路建设却是一个重要的缺口。假如能以整村推进为平台和补充，将会使片区开发扶贫效果更加高效和直接。假如整村推进与片区开发相结合，必将使扶贫开发整体覆盖更为全面。

第二，整村推进也是精准扶贫的基础平台和抓手。精准扶贫就是要精准到户到村，精准识别就是要精准识别贫困村和贫困户，通过贫困户和贫困村的精准对接和实施精准驻村驻户帮扶，达到精准扶贫脱贫的效果。而整村推进无论从扶贫项目确定和扶贫方法的运用等，其整体性和规模性效应，都将会提升精准扶贫的总体效果。

第三，整村推进是扶贫系统创新探索的具有鲜明特色的扶贫模式，积累了丰富经验。通过整村推进这一个抓手，整合资金资源，实施整村扶贫脱贫项目，扶贫系统能够把握整个运作推进的过程管理，只要国家提高整村推进资金投入标准和规模，扶贫的效果将会更好。

三、“十三五”推进整村推进成为片区开发和精准扶贫重要平台的建议

2014年的精准扶贫尤其是建档立卡，为“十三五”实施到村到户精准扶贫奠定了良好基础。在目前已经建档立卡并识别的12.8万个贫困村，实施整村推进，将大大提升扶贫脱贫效果。为此建议：第一，建议国家在“十三五”期间对每个投资总额达到800万—1000万元的贫困村，重点实施整村推进，这将会大大改善贫困村面貌。第二，以整村推进为基础单元和平台，开展社会扶贫机制支持整合，以贫困村需求为基点，与社会扶贫力量对接，将形成新时期社会扶贫巨大力量。第三，完善和创新整村推进平台的新方式新做法。将扶贫办正在推进的十大扶贫工程与整村推进相结合，创新整村推进的新模式、新方法。

丝绸之路经济带与扶贫开发

（2015 年 3 月国内外减贫热点专题评论）

“一带一路”即“丝绸之路经济带”和“21 世纪海上丝绸之路”将成为我国新时期国家发展战略之一，渗透于未来社会经济发展包括“四个全面”和实现两个一百年中国梦的全过程，而其中“丝绸之路经济带”则是丝绸之路复兴中的新使命。“丝绸之路经济带”中的西北部五省区及四川和内蒙古等，则属于我国西部落后地区也即中国贫困地区，因此，丝绸之路经济带与其说是中国区域均衡发展和国家战略新部署，不如说是中国扶贫开发战略和西部大开发战略的升级和延伸。

一、丝绸之路经济带将带动西部扶贫脱贫再“提速”

丝绸之路经济带已经成为国家战略新基点。首先，通过复兴历史丝绸之路，可以变西部贫困地区为经济开放前沿，形成西部贫困地区新经济增长点，构建历史复兴和新时代创新融合的双重推进力量。其次，丝绸之路经济带将强化中国与丝绸之路沿线国家间进一步的国际合作发展共赢共享新理念，提升国家间互联互通程度和区域合作水平。再次，丝绸之路经济带也是新时期经济新常态下，国家通过均衡发展促进产能平衡和资本融通的国际合作新尝试。最后，从扶贫脱贫来看，丝绸之路经济带将带动西部扶贫脱贫再提升和再提速。这主要表现在：第一，丝绸之路经济带是扶贫脱贫政策体系“加法”的新体现。西部贫困地区享有西部大开发、片区开发和各种东西协作、对口支持以及民族政策等，而丝绸之路经济带政策是西部贫困地区扶贫脱贫政策的再叠加，因此，将会使扶贫脱贫“再提速”成为可能。第二，丝绸之路经济带是一项国家战略，具有最强的资源、资本、人才、技术等各种要素的动员和配置能力，对西部贫困地区扶贫脱贫具有较强推动和提速作用。第三，丝绸之路经济带是中国扶贫脱贫国际合作新路径，通过丝绸之路的扶贫脱贫国际合作，尤其是将中国扶贫脱贫的经验与丝路国家进行分享。大家知道，丝绸之路横跨亚欧大陆，绵延7000多公里，途经多个国家，总人口近30亿。以上合组织为例，组织内的6个成员国（中、俄、哈、吉、塔、乌）、5个观察员国（蒙古、巴基斯坦、印度、伊朗、阿富汗）、3个对话伙伴国（白俄罗斯、土耳其、斯里兰卡）绝大部分都位于丝绸之路沿线。另外，丝绸之路还包括了欧洲国家，东边牵着亚太经济圈，西边系着欧洲经济圈，被认为是“世界上最长、最具有发展潜力的经济大走廊”。通过丝绸之路经济带建设，一方面可以加强国家间扶贫脱贫的合作，另一方面也可以消除国际上对中国推行丝绸之路经济带的误解，从而加快扶贫脱贫进程和速度。

二、如何通过丝绸之路经济带加快扶贫脱贫进程?

丝绸之路经济带是一项全面、整体和综合性战略构思，扶贫脱贫是其组成部分之一，也是检验和衡量丝绸之路经济带成效的重要指标之一。因此，丝绸之路经济带战略推进过程中，一方面必须考虑到沿线的贫困地区实际，另一方面，扶贫开发也必须适应和充分利用丝绸之路经济带新政策，加快扶贫脱贫力度。为此建议：

第一，利用我国在推进丝绸之路经济带沿着“政策沟通、道路联通、贸易畅通、货币流通、民心相通”的推进过程，积极主动将扶贫脱贫政策融入其中。在道路联通方面，要尽可能将贫困地区优先纳入规划建设，在贸易流通和货币流通方面，也应该充分考虑贫困地区的因素。西部五省和西南的四川及内蒙古应该尽快制定贫困地区参与丝绸之路经济带建设规划和行动计划，建立丝绸之路经济带扶贫脱贫示范区。

第二，国务院扶贫办和西部地区各省扶贫办要积极加入到建设丝绸之路经济带建设规划的工作中去。例如：陕西努力建设西安成为丝绸之路经济带开发开放高地和金融商贸物流中心、机械制造业中心、能源储运交易中心、文化旅游中心、科技研发中心、高端人才培养中心的过程中，如何将陕西扶贫脱贫规划融入其中。宁夏要在建设丝绸之路经济带重要基地目标上，在建设中阿自由贸易区、加强能源合作等方面探索融入宁夏扶贫脱贫规划。新疆在建设丝绸之路核心区推进过程中，如何将建设重要交通枢纽中心、商贸物流中心、金融中心、文化科技中心、医疗服务中心等与新疆整体减贫工作，尤其是南疆三地州的扶贫脱贫工作相结合。甘肃在建设丝绸之路经济带中，如何利用拥有古丝绸之路贯穿境内 1600 多公里的战略通道优势，将甘肃打造成为丝绸之路经济带黄金段，形成甘肃扶贫脱贫的金光大道。

第三，在中国发起和推进亚洲基础设施投资银行运行过程中，将贫困地区基础设施建设作为亚洲基础设施投资银行投资贷款的重点方向。虽然亚洲开发银行将扶贫作为投资重点之一，但是亚洲扶贫任务有着巨大需求，亚洲开发银行的投资对扶贫脱贫的需求规模还有很大缺口，因此亚投行加大对贫困地区基础设施建设的投资是对亚开行的补充，将大大推动两行互补和合作。

第四，在丝路基金中设立“丝路扶贫合作基金”专项，专门用于丝路国家间的扶贫脱贫合作交流和研究。丝路基金不应办成富人俱乐部，而应变成扶贫脱贫的推进平台，成为穷人脱贫致富的俱乐部，成为消除贫困的国际俱乐部，成为连接亚洲和欧洲合作进步的桥梁。

第五，将丝绸之路经济带建设与新型城镇化推进相结合，积极探索丝绸之路经济带沿线贫困地区城镇化扶贫的新模式，不断总结新经验。以新型城镇化改革为导向，以建设丝绸之路经济带为动力，提升西部地区城镇化水平、就业规模，完善产业发展功能。据有关专家研究，丝绸之路经济带建设，将会大力促进西部城市群崛起，激活“西部大开发”战略升级。

第六，加强丝绸之路经济带与扶贫脱贫的理论、政策和实践研究，推动国家丝绸之路经济带建设的政策与扶贫脱贫政策的对接和延伸运用研究，将片区规划实施和精准扶贫与丝绸之路经济建设相结合，推动扶贫脱贫再上新台阶。

论阻断贫困“代际传递”

（2015 年 4 月国内外减贫热点专题评论）

新中国成立 60 多年来扶贫开发取得的成果举世瞩目、成效显著。但目前贫困人口仍然有 7000 多万，这对到 2020 年我国全面实现建成小康社会目标是一个严峻考验。纵然致贫因素很多，如客观上是自然条件恶劣，基础设施落后，缺少产业支撑等；主观上则多是思想陈旧，观念落后。但对于以家庭贫困户个体来说，代际传递现象相当突出，即“穷家薄业”代代相传。因此，消除绝对贫困，阻断贫困“代际传递”根源极其重要。

一、国家领导高度重视并多次强调：要阻断贫困“代际传递”

习近平总书记多次针对贫困代际传递现象做出指示。在 2015 年 3 月全国两会期间说“要把扶贫攻坚抓紧抓准抓到位，坚持精准扶贫，倒排工期，算好明细账，决不让一个少数民族、一个地区掉队，坚决阻止贫困现象代际传递”；在 2015 年 4 月 1 日中央全面深化改革领导小组第十一次会议并发表讲话指出“发展乡村教育，让每个乡村孩子都能接受公平、有质量的教育，阻止贫困现象代际传递，是功在当代、利在千秋的大事”。李克强总理多次深入贫困地区调研提出“以更大决心向贫困宣战，不让贫困代代相传”。

二、什么是贫困“代际传递”？

贫困代际传递（Intergenerational Transmission of Poverty）概念是从社会学阶层继承和地位获得的研究范式中发展出来的。美国的经济学家在研究贫困阶层长期性贫困的过程中发现贫困家庭和贫困社区存在贫困的代际传承现象，从而于 20 世纪 60 年代初提出了“贫困代际传递”概念。贫困代际传递就是指贫困以及导致贫困的相关条件和因素，在家庭内部由父母传递给子女，使子女在成年后重复父母的境遇——继承父母的贫困和不利因素并将贫困和不利因素传递给后代这样一种恶性遗传链；也指在一定的社区或阶层范围内贫困以及导致贫困的相关条件和因素在代际之间延续，使后代重复前代的贫困境遇。从我国贫困人口来看，代际贫困传递现象不断下降和减少，但贫困的“代际传递”现象在贫困山区仍然存在。我们认为，今天贫困并不可怕，就怕永远贫困；不怕一代穷，就怕代代穷。比贫困和落后更可怕的是贫困代际传递，暂时的贫困仅仅是物质匮乏，但当贫困通过家庭传递成为一种常态，弱势群体将从根本上失去向上流动的希望，形成恶性循环，加剧社会不公，影响全面建成小康社会目标的实现。

三、影响我国贫困“代际传递”因素的主要特点

我们对 1993—2011 年中我国贫困“代际传递”影响因素分析后发现有如下主要特点：第一、在影响代际传递的教育、健康和迁移三类指标与家庭人均纯收入相关系数都呈明显正相关关系。其中，教育相关系数为 0.621~0.690，健康相关系数为 0.611~0.754，迁移相关系数为 6.482~7.394。从显著性上来看，教育正相关性较健康、迁移来说更为显著。说明教育对贫困“代际传递”更强。第二、中国农村贫困群体代际收入弹性较高，贫困代际传递现象较为严重。1993-2011 年中，中国农村贫困群体的代际收入弹性分别介于 0.691 至 0.778 之间，在 7 年间存在一定的上下波动，均值为 0.732。根据代际收入弹性的定义，这意味着父母的总收入每上升 1%，子女的收入平均上升 0.732%。这一数值远高于发达国家以及中国的城乡代际收入弹性平均值，因此比起这些国家和地区来说，中国农村贫困地区的代际收入流动性更差，子女的收入受父母收入的影响更大，父辈的贫困境况更容易为子辈所继承，导致严重的贫困代际传递现象。第三、在人力资本影响贫困代际传递的具体路径当中，教育的贡献最大、健康次之、迁移最末，且教育和迁移的贡献随时间增大，健康的贡献随时间减小。从实证结果来看，1993-2011 年 7 次调研结果显示，中国农村贫困群体代际收入传递路径中教育的贡献率为 0.072478~0.165478，健康的贡献率为 0.005076~0.032499，迁移的贡献率为 0.000016~0.000330。教育和迁移的贡献率在不断提升，健康的贡献率则在不断减少，从现有数据来看迁移所占贡献份额极小，这是由于本文所整理出的样本库中绝大部分贫困人口都是从事收入最低一级的职业，如农民、服务从业人员、工人等，从事高收入职业的贫困人口过

少以致难以对贫困代际传递产生较为显著地影响。

四、“雨露计划”和“易地搬迁”：阻断贫困“代际传递”成功探索

中国扶贫开发取得成效的重要方面就在于不断探索扶贫开发新模式，“雨露计划”和“易地搬迁”就是贫困地区扶贫开发实践探索的重要品牌。在扶贫脱贫中的作用非常明显。例如：易地搬迁的重要功效就在于：第一，易地搬迁是我国消除区域性贫困和改善生态环境而采取的重要战略行动，改变和缓解了生态区位差，生态环境脆弱特殊条件下区域贫困问题突出的矛盾。不仅实现了生态环境的保护，也达到了贫困人口脱贫目的，使贫困地区人口、资源、环境之间矛盾，生态问题与生存问题的矛盾得以化解。第二，探索出不同的易地搬迁扶贫模式。例如，根据我国过去10多年来的实践经验，我国生态移民存在多种安置模式，如依托调整土地安置、依托产业结构调整安置、依托城镇集中安置、依托旅游资源开发安置等，努力实现其生产生活方式转型，提升可持续发展的能力。第三，通过易地搬迁，改变了家庭代际贫困循环往复旧有体系，进入有利于生存发展的新环境，为贫困家庭新一代的生存能力和发展能力提升，提供了一定条件。第四，易地搬迁符合中国生态文明建设的目标，是以人为本的表现。第五，从易地搬迁的扶贫脱贫实际效果来看，易地搬迁贫困家庭的整体收入有显著提高，由于搬迁安置地方相对来说交通便利程度大大改善，信息比以前通畅，从而为搬迁家庭从事非农就业提供了条件。雨露计划的功效就在于，它以职业教育、创业培训和农业实用技术培训为手段，最终达到促进提高贫困地区劳动力素质、增加贫困农民收入的目的。“雨露计划”作为一项针对农村贫困群体的劳动力转移培训工程，是提高群众的综合素质特别是科技文化素质，增加贫困人口经济收入的重要措施，也是促进贫困地区脱贫致富的根本途径。“雨露计划”自2004年全面启动以来，让众多农村贫困劳动力接受了相关培训，支持其参加职业技能、创业和农村实用技术培训，实现了这些农村贫困劳动力家庭脱贫的目标，有效地阻断了贫困代际传递的发生，有力地支持扶贫开发事业的发展。

五、如何进一步阻断贫困“代际传递”？

我们认为，阻断贫困代际传递的重要途径和关键是提升农村贫困人口人力资本水平。因此，雨露计划和易地搬迁是扶贫开发实践探索的成功经验和品

牌，是阻断和消除贫困“代际传递”的重要抓手，进一步加大雨露计划和易地搬迁力度，是阻断贫困“代际传递”最有效手段。但仅仅依靠雨露计划和易地搬迁还很不够用，应该从以下几个方面进一步加大有利于提升农村贫困人口人力资本能力：第一，构建更加有利于贫困地区教育培训优先和倾斜政策是关键。国家要加大对贫困地区教育政府投资，积极引导民间与社会资金参与教育事业，缓和城乡教育失衡状况。调整贫困地区农村地区办学结构，优化人口教育结构。不断加大对农村贫困家庭子女的教育援助力度。第二，提高贫困地区卫生医疗公共服务能力是提升阻断贫困代际传递的重要支撑。不断消除和降低“因病致贫”“因病返贫”的影响，提升贫困人口健康水平。一方面国家要增加政府对贫困地区农村公共卫生保健支出，提高农村基本公共卫生服务水平。另一方面，要加强农村生活基础设施建设，改善农村的卫生和生活条件。农村地区的自然环境和卫生条件较城市来说更为恶劣，加大对农村卫生公共品的供给，解决农村贫困地区饮用水安全问题、农村卫生等问题，能够有效提高农村贫困居民的健康水平。与此同时，要不断完善贫困地区农村医疗保障制度，建立多层次的医疗救助模式。第三，推进贫困地区农村户籍制度改革力度，不断降低贫困地区农村贫困人口流动成本，形成良性的人口转移和劳动力转移。一方面，要统一城市居民与农民工的身份，缩小由户籍制度所带来的利益差距，减少农村贫困人口流动所产生的高昂成本。另一方面，要加大更加有利于完善农村社会保障体系建设力度，加大对贫困地区农村社会保障资金投入规模，扩大农村低保、养老保险、新农合等保障制度的覆盖人群，并在国家财力能够承担的范围内，提高针对贫困人口的补助标准。与此同时，积极利用国家的新型城镇化建设政策，创造就业岗位吸引农村劳动力转移，让农村贫困人口获得平稳平等发展机会。

积极推动旅游扶贫的创新和发展

（2015 年 5 月国内外减贫热点专题评论）

在发达地区，旅游产业在推动区域发展方式转变、产业结构优化升级、创新发展模式、生态文明建设和适应经济新常态中起到了越来越重要的作用，对此的研究较多，但在贫困地区效果如何呢？即旅游产业作为绿色产业在贫困地区的扶贫脱贫效应如何呢？实践证明，旅游产业对贫困地区脱贫致富和区域经济作用非常明显，对贫困农户收入提升、就业结构渠道拓宽和贫困农户自我能力的提升等具有良好减贫效应，也展示了旅游产业绿色扶贫功效。

一、旅游扶贫是扶贫脱贫创新发展的重要模式

通过近年来贫困地区的扶贫实践和国家旅游局与国务院扶贫办推进旅游扶贫的实践证明，旅游扶贫是扶贫脱贫创新发展的重要模式，在扶贫脱贫中的效果极其明显。

培育和促进旅游产业在贫困地区发展是扶贫脱贫的重要选择。旅游产业扶贫脱贫效果是明显的，对贫困地区的扶贫脱贫有显著的推动作用。无论是从收入提高，还是从就业渠道拓宽、就业能力提升、就业范围扩大，还是对自我发展能力、自我生计能力的提升都有巨大的促进和推动作用。不管是旅游产业发展带动区域经济增长带来的贫困农村和贫困户经济面貌整体改善的间接效应，还是旅游产业带来部分农村贫困户收入增加的直接效应，旅游产业是扶贫脱贫的重要模式之一。

旅游扶贫是绿色减贫的重要形式，符合新时期我国经济发展方式转变的绿色低碳循环发展的绿色减贫方向。绿色发展是新时期我国社会经济发展的必然选择，是国家未来发展战略和决策的重要关注点，旅游产业尤其是自然景观和传统的民族文化景观旅游，更是绿色产业的重要模式，将绿色产业对接到扶贫

脱贫效应功能发挥，实施绿色减贫是我国扶贫脱贫的必然选择。“无工不富”必须符合绿色化和低碳化的发展新潮流。绿色工业、绿色企业和绿色扶贫脱贫才是中国未来发展正确选择。

二、如何推进和提升旅游扶贫的效果

旅游扶贫是旅游产业在贫困地区发展实践中创新探索出来的一种特色扶贫模式，是旅游产业和扶贫开发二者的有机结合，但在不同地区不同阶段是有着很大差异性的，与此同时，旅游扶贫在新时期新形势下，也会遇到这样和那样的矛盾问题，在区域发展和扶贫攻坚、资源开发和环境保护、文化保护与传承等方面都会遇到新挑战。为此，旅游扶贫应尽力解决好以下问题：

第一、贫困地区旅游扶贫要解决好经济目标、社会目标和生态目标统一，尤其是要注重扶贫减贫和脱贫直接效应大小。在旅游扶贫的过程中，必须协调好旅游经济系统和旅游景区生态系统之间的关系，在获得经济效益的同时不破坏旅游资源生态系统，从而达到可持续利用的目的。发展旅游扶贫过程中做到了以下三个目标的统一：（一）可以为游客提供质量高的旅游体验；（二）发展过程中贫困地区独特的生态环境不受到严重污染和破坏；（三）贫困人口的生活质量不断提高，扶贫减贫效果广泛惠及到贫困人群。贫困地区旅游产业扶贫脱贫效应一定要与经济发展和社会发展相统一，一定要克服和消除很多贫困地区在发展旅游产业时出现的旅游产业产值提高，但贫困家庭收入水平未提高甚至减少，旅游产业带来了其他区域的经济发展和收入水提高，但贫困人口不减少，反而增加了。或者说旅游产业对贫困家庭收入和自我发展能力提升低于非贫困人口和家庭，甚至造成以贫困人口利益的巨大牺牲为代价。这是贫困地区旅游扶贫脱贫一定要注意的问题。

第二、贫困地区旅游产业扶贫要体现时续发展和空间特色的差异性和独特性，这样才能发挥旅游产业扶贫的特殊价值。贫困地区想要将资源优势转化为经济优势，必须有一个“资源优势—产品优势—市场优势—经济优势”的合理发展路径。因此在旅游资源开发路径上必须遵循科学性、历史性、综合性、效益性、可持续性等开发原则，从起步期到成熟期形成良好的循环发展态势。

第一阶段：起步阶段。政府主导，进行制度创新和政策支持，起到一个引导作用。贫困政府应积极进行管理制度改革与创新。

第二阶段：以企业为主导的旅游产业发展期，起到引领作用。但旅游企业应培养社会责任感，要最大程度地使用当地旅游资源和农民员工，建立共同管理、合作协调、共享旅游开发各项服务功能，尊重保护可创新发展民族传统文化特色。

第三阶段：成熟期阶段即以市场为导向形成全民参与旅游扶贫发展期。贫困地区个体成为旅游扶贫开发主力军，成为乡村扶贫旅游开发主要经营者。积极参与旅游产业扶贫全过程，体现旅游资源共享权利和平等分享机制。

第三、制定贫困地区旅游产业扶贫规划，开发和创新贫困地区旅游产业扶贫新方式，进一步提高旅游产业扶贫的收入和就业效应。贫困地区开发时间较晚，因此旅游产业扶贫一定通过制定区域旅游产业发展规划，并规划纳入到省市县的旅游产业发展规划中，通过延长原有旅游线路，将贫困地区旅游纳入到整体旅游体系中，通过积极开辟新旅游线路和旅游体系，增加和创新贫困地区旅游产业新线路和新产品。将民族文化元素融入到规划设计、景区建设、旅游服务和产品开发的各个环节，尤其是要加大贫困地区农家乐旅游产业发展，让贫困地区的农户和农民积极投入和参与到贫困地区旅游扶贫产业发展中，从而提升旅游产业扶贫的收入和就业效应，让旅游产业发展与扶贫脱贫同步推进。

第四、强化贫困地区旅游产业专业技师培训力度，提升贫困人口参与旅游产业的自我发展素质和能力。旅游产业的价值主要体现在市场和社会对旅游产业和产品的认知、认识和认可程度，因此，贫困地区旅游的吸引程度和特色价值的关键还在旅游服务人员的服务程度和素质，如何提升旅游者满意度、认知度和赞誉度，需要一批批优质的旅游人才的培育，而这正是贫困地区的短板，如何改变贫困地区旅游产业的人才缺乏、专业知识欠缺、服务能力和水平较低等最为迫切的任务，强化培训培养是前提和基础。

三、协同共进，提升旅游扶贫效应

要实现“到2015年，扶持约2000个贫困村开展乡村旅游，到2020年，扶持约6000个贫困村开展乡村旅游，带动农村劳动力就业。力争每个重点村乡村旅游年经营收入达到100万元”的目标并非易事。因此，习总书记提出“需要采取超常举措，拿出过硬办法，必须用一套政策组合拳，才能确保在既定时间节点打赢扶贫开发攻坚战”，而旅游扶贫是实现总目标重要力量之一，也需要各个部门包括发改委、旅游、环境保护部门、住房和城乡建设部门、农业部门、国家林业部门、扶贫系统、财政金融部门以及社会各界的共同努力。

三大绿色减贫工程将助推扶贫脱贫目标实现

（2015年6月国内外减贫热点专题评论）

2015年6月27日，国务院扶贫办主任刘永富在生态文明贵阳国际论坛2015年年会“生态文明与开放式扶贫”论坛时表示，中国正在实施的移民搬迁扶贫、光伏产业扶贫、旅游扶贫三项“绿色”扶贫工程。为下阶段精准扶贫工作的开展提出了具体的指导性意见，将是我们下阶段开展精准扶贫、绿色扶贫工程的方针性部署。这是适应新的历史条件下扶贫脱贫方式转变和助推到2020年如期实现扶贫脱贫目标的重要举措，也是提升我国扶贫脱贫治理体系和治理能力的重要选择，更是推进生态文明建设和“绿色化”发展必然趋向。

一、三大绿色扶贫工程是推进“绿色化”重要选择

实践证明，移民搬迁扶贫、光伏产业扶贫、旅游扶贫三项扶贫工程是我国新时期新条件下加快生态文明建设战略转变和积极推进“绿色化”发展的新型扶贫脱贫方式的重要选择。推进绿色发展，加快减贫进程是全球面临两项重要任务和挑战，已成为国际社会的广泛共识。我国政府高度重视绿色发展和减贫工作。在十八大提出将“生态文明建设放在突出地位，融入经济建设、政治建设、文化建设、社会建设各方面和全过程，实现‘五位一体’总体布局”的基础上，2015年3月中共中央政治局审议通过了《关于加快推进生态文明建设的意见》，并强调“生态文明建设事关实现‘两个一百年’奋斗目标，事关中华民族永续发展，是建设美丽中国的必然要求，对于满足人民群众对良好生态环境新期待、形成人与自然和谐发展现代化建设新格局，具有十分重要的意义”。“协同推进新型工业化、城镇化、信息化、农业现代化和绿色化”。首次将“绿色化”与“新四化”并列，构成“新五化”建设。生态文明建设实质就是通过资源保护和环境改善，实现包容性经济发展、可持续发展、绿色发展。

党中央国务院高度重视扶贫开发工作。习近平总书记提出新时期扶贫开发新思想，绿色减贫也是习总书记扶贫思想的新体现。绿色减贫概念首次在2014年的贵州生态文明国际论坛上提出后，就受到各方关注。绿色减贫就是生态文明与减贫高度融合与统一，是生态文明建设效果在减贫上的具体体现，是减贫方式的不断改进和提升，是贫困地区生态文明建设的新形态。三大绿色减贫集中反映了新的历史条件下中国扶贫脱贫适应“绿色化”的重要选择。

二、三大绿色扶贫工程是推进“产业扶贫绿色化和绿色扶贫产业化”新实践

中国30多年扶贫脱贫实践证明，扶贫脱贫必须走绿色化发展道理，不管是传统工业化扶贫还是节能环保新能源的新型绿色产业扶贫生态扶贫、低碳扶贫等都必须绿色化。空间上的新型城镇化扶贫脱贫同样需要以绿色化方式为前提。第一，发挥后发优势，实现贫困地区的“产业绿色化”。绿色化是一种生产方式——“科技含量高、资源消耗低、环境污染少的产业结构和生产方式”，有着“经济绿色化”的内涵，而且希望带动“绿色产业”，“形成经济社会发展新的增长点”。贫困地区历史包袱少，经济结构转型代价小，具有可观的“后发优势”，完全可以通过产业结构的绿色化转型，“形成经济社会发展新的增长点”，避免走传统产业结构“先污染、后治理”的老路。第二，挖掘本土资源，实现贫困地区“绿色产业化”。贫困地区有着丰富的绿色资源，比如地方民俗文化、少数民族特色、旅游资源、绿色资源（草、木、林、地）等等。贫困地区应当大力挖掘本土资源、绿色优势，通过创新驱动，利用绿色资源打造经济社会发展的新增长点，让贫困地区人口共享绿色发展的成果，实现扶贫减贫的效果。

三、三大绿色减贫工程将助推扶贫脱贫目标实现

习近平总书记在谈到国家“十三五”十大任务专门提到扶贫脱贫问题，强调“要采取超常举措，过硬办法、用一套组合拳。确保在既定时间节点打赢扶贫攻坚战”，预示消除贫困将成为今后5年国家改革发展最迫切任务。他还指出“十三五”时期是我们确定的全面建成小康社会的时间节点，全面建成小康社会最艰巨最繁重的任务在农村，特别是在贫困地区。各级党委和政府要把握

时间节点，努力补齐短板，科学谋划好“十三五”时期扶贫开发工作，确保贫困人口到2020年如期脱贫。联系到我国经济新常态下产业结构优化升级、经济发展方式转变与质量提升以及其经济发展创新动力转变等，生态文明绿色化发展等国家新战略形成，三大绿色减贫工程将成为助推我国在2020年扶贫脱贫目标如期实现的重要举措。同样，三大绿色减贫工程也将成为我国构建扶贫脱贫治理新体系和提升扶贫脱贫治理能力的重要举措。

以绿色扶贫促进生态文明建设，以生态文明促进美丽中国建设，以美丽中国促进中国绿色发展，以绿色发展共建绿色中国。

论农村低保兜底与2020年贫困人口如期脱贫

（2015年7月国内外减贫热点专题评论）

到2020年如期实现贫困地区脱贫既是我国全面建成小康社会国家战略目标的要求，同时也是贫困地区同步步入小康社会的必然要求，更是我国社会经济发展进入新阶段的历史使命。而要到2020年如期实现贫困地区脱贫任务，绝非易事。如何如期圆满完成精准脱贫成为摆在全党全国人民面前迫在眉睫的任务。习近平总书记指出“扶贫开发工作已进入‘啃硬骨头、攻坚拔寨’的冲刺期，各级党委和政府必须增强紧迫感和主动性，在扶贫攻坚上进一步理清思路、强化责任，采取力度更大、针对性更强、作用更直接、效果更可持续的措施，特别要在精准扶贫、精准脱贫上下更大功夫”。“扶贫开发是我们第一个百年奋斗目标的重点工作，是最艰巨的任务。现在距实现全面建成小康社会只有五六年时间了，时不我待，扶贫开发要增强紧迫感，真抓实干，不能光喊口号，决不能让困难地区和困难群众掉队”。2015年5月，习近平总书记在贵州调研期间指出，要因地制宜研究实施“四个一批”的扶贫攻坚行动计划，即通过扶持生产和就业发展一批，通过移民搬迁安置一批，通过低保政策兜底一批，通过医疗救助扶持一批，实现贫困人口精准脱贫。在这“四个一批”中，低保政策兜底则是如期脱贫的保障底线，也就是说农村低保兜底担负着2020年贫困人口如期脱贫保障底线的任务，是一项重要历史阶段性使命和责任。在一定程度上说，贫困地区农村低保制度与扶贫开发制度科学合理并有效衔接，将决定着精准脱目标实现的成效和水平。

一、为什么需要实施农村低保兜底制度与扶贫制度衔接？可行性如何？

事实上，农村低保兜底制度与扶贫制度，早在2009年年初，中央一号文件就提出“坚持开发式扶贫方针，制定农村低保与扶贫开发有效衔接办法”，并提出具体衔接思路。随后，在国务院扶贫办指导下，全国部分省份开始落实两项制度衔接试点工作。同年，国务院开始在部分地区农村建立“新农保”试点，逐步完善农村社会保障制度，也一定程度上将反贫困对象扩大至老年群体。2010 年 5 月国务院转发了扶贫办、民政部、财政部、统计局和中国残联等《关于做好农村最低生活保障和扶贫开发政策有效衔接扩大试点工作意见》，提出了目标、基本原则和试点范围，提出了标准和对象以及程序衔接、政策衔接和管理衔接，并提出了保障措施，从试点效果来看，两项衔接对扶贫脱贫的作用明显，也创造了很多创新的模式和经验，总体来看是可行的，也是必要的。与此同时，随着我国贫困人口逐步减少，国家财力不断增加，一减一增，尽管在经济“新常态”下国家财力增长有所减缓，但是用于扶贫和低保的财政支出还是完全可以满足的。2014 年中央财政安排的农村低保补助资金即达 582.6 亿元，有条件在推进公共服务均等化过程中作出针对性安排，进一步健全保障起点公平的体制机制，加大两项制度实施和衔接的力度，让发展成果更多更公平地惠及农村最困难群体。从我国扶贫开发的减贫规律来看，随着时间推移，到后期，扶贫开发的减贫难度越来越大，年减贫人数呈现递减趋势直至减贫效果为零，其主要原因就是到后期贫困人口，贫困群体大多是老弱病残者，完全或者部分丧失劳动能力或者无劳动能力的脆弱群体，对这些贫困群体，扶贫开发效果已经丧失了作用，此时，对这些群体就必须采取低保在内的一系列社会保障措施实现兜底，这样才能实现完全的脱贫。

二、到 2020 年我国贫困地区需要低保兜底的规模有多少？

到 2020 年我国农村需要贫困低保兜底规模到底有多少呢？目前尽管还难以有确切数据，但我们可以简单地进行一个预测，也就是说，按照上一个周期（2000—2010 年）的扶贫减贫脱贫规律，预测从 2014 年年底我国 7017 万贫困人口，通过扶贫开发各项政策实施，到 2020 年还有多少绝对贫困人口，这个贫困人口数实际上就可能是我国农村低保兜底的规模。对此我们采取了贫困发生率预测、减贫速度预测等方法，然后将这几种预测结果进行综合分析判断，最后确定“十三五”末即 2020 年绝对贫困人口数量和规模。

（一）按照贫困发生率变化来预测结果是：第一、按照几何平均法。即按照 2009 年到 2014 年这六年的年贫困发生率下降 17.23% 推算预测，到 2020 年全国贫困发生率预测为2.32%，按照总人口为96362万人（固定点监测样本不变），可预测出2020年贫困人口为2236万人。第二、根据李实教授课题组《新时期缓解农村贫困的政策评估与减贫潜力预测》研究报告结论，未来贫困发生率存在三条可能性比较大的变化趋势：相对乐观——相对减少率15%；中观——相对减少率与2000年至2007年相同，保持10%左右；相对悲观——相对减少率5%。综合各种因素的影响，在2020年贫困发生率预期能够下降至2%至4%左右，能够减少4000万—6000万贫困人口。以此推算，到2020年，我国贫困人口将在2000万—4000万之间。

（二）根据上一轮（2000年到2010年）减贫区间幅度变化规律进行预测。从2001—2010年这一轮贫困人口减少幅度可以看出，在2005—2010年区段贫困人口减少幅度（58.2%）比2001—2005年贫困人口减少幅度（31.7%）增加26.5个百分点。按此增幅推算，目前我国在2011—2014年减贫幅度为42.7%，那么，2011—2014年贫困人口减少幅度将在42.7%基础上，增加26.4个百分点，约为69%左右，即贫困人口约为2168万人。

（三）根据2011年以来中国减贫速度，预测2020年贫困人口数量。2011年我国贫困人口为12238万，2012年为9899万人，减少19.11%，2013年贫困人口8249万人，减少16.7%；2014年贫困人口7017万人，减少14.9%。若按照每年约1个百分点下降速度进行预测，到2020年贫困人口减少速度为8.9%，贫困人口预测为3389万人，综上所述，根据以上几种方法分别预测出2020年我国贫困人口数量，分别是2236万，2000万—4000万，2168万和3389万，将四种简单预测进行综合，我们初步的结论是到2020年我国绝对贫困人口可能为2600万—3000万。而这部分贫困人口基本上主要是因病残、年老体弱、丧失劳动能力以及生存条件恶劣等原因造成生活常年困难的农村居民。这些贫困人口已经无法通过扶贫开发来实现精准脱贫，只能通过最低保障来实现兜底脱贫。当然，这个预测是非常简单的预测，数据不可能精确，但可以反映一个大概范围和大致规模，仅仅可以作为一种思路和参考而已。

三、如何实施农村低保兜底制度与扶贫开发政策的有效衔接？

农村低保兜底制度与扶贫开发政策要实现有效衔接，说起容易做起了难，一方面是产品开发与农村低保制度分别由民政部门和扶贫部门分别实施管理，另一方面缘于面临着衔接的对象范围的衔接、标准确定，衔接的时间、实现和时点等具体步骤、衔接内容和重点、部门间如何协同、协作和分工等等。区域之间如何体现差异性和统一性等。对此，我们提出以下思路建议，供讨论和参考。

第一、衔接的对象和范围，完善识别机制。我们认为对于贫困地区来说，低保和扶贫开发相衔接的对象和范围主要包括全国14个片区的重点县和各省份确定的省定贫困县。其信息数据来源可以参考扶贫系统的建档立卡数据和民政部的低保数据相结合相衔接，对数据进行统一的核对核查并确定。扶贫部门贫困人口建档立卡信息平台要与民政部门农村低保统计台账进一步衔接，开展农村贫困人口与农村低保对象的对接，摸清底数。摸清扶贫建档立卡低保户、五保户（以下简称“两无”贫困人口）与农村低保长期保障户、重点保障户的底数；比对扶贫建档立卡有劳动能力和劳动意愿的扶贫低保户与农村低保一般保障户的底数；对扶贫低保户与有劳动能力的农村低保对象底数差异较大的地方，要认真核实，分析原因，设法统一。第二、衔接的目标，保障到2020年贫困人口要兜底范围内。我们认为低保和扶贫脱贫衔接的阶段性目标是到2020年实现低保线和贫困线的“两线合一”，因为从全国来看，目前的低保线大多低于贫困线，到2020年要实现消除绝对贫困即脱贫，最低目标就是达到最低生活保障线。第三、衔接的时间、时限和时点问题，建立有序有效衔接机制和差异性的“两线合一”规划。我们认为从全国来看，由于区域产值较大，发达地区如江苏、浙江等目前实际是低收入线已经很高了，已经达到了脱贫目标了。对于中等和西部地区，可根据自身实际情况，采取有差别性的“先衔接、后合一”的步骤。也就是说，各省份、各县根据自身实际逐步提升低保线，到2020年达到低保线与贫困线合二为一。第四、建立与贫困县退出机制相一致衔接机制和“两线合一”同步推进机制。农村低保兜底制度与扶贫开发政策的有效衔接过程中，可以和贫困地区目前实施的贫困县、贫困乡和贫困村退出机制相结合、同步实施。也就是说，对于退出贫困县、贫困乡和贫困村的可以试试“两线合一”，直到2020年贫困县全部退出之时，也是“两线合一”全部完成之时。这样也就能保障贫困地区贫困人口全部达到兜底脱贫。第五、借鉴贵州经验可以采取分类分步实施推进做法。即分类管理，有效衔接。按照国务院扶贫办的要求，贫困人口分为一般贫困户、扶贫低保户、低保户、五保户四类；按照《贵州省农村居民最低生活保障规程》要求，农村低保对象分为长期保障户、重点保障户、一般保障户三类。二是贫困人口的全口径统计。按照国家贫困人口、低保人口的认定标准，农村贫困人口应该基本包含农村低保人口。在扶贫建档立卡工作中，农村低保长期保障户、重点保障户以民政部门统计台账为基准，全部纳入扶贫开发建档立卡“两无”贫困人口登记，不作为扶贫开发工作对象。根据分类标准和工作实际，扶贫“两无”贫困人口与农村低保长期保障户、重点保障户要基本统一，贫困人口扶贫低保户与农村低保一般保障户要有效衔接。三是共同复核，动态衔接。贫困人口脱贫、民政一般保障户退出要有理有据，做到有计划、有措施、有成效。扶贫、民政部门共同对贫困人口、农村低保对象开展收入复核，年底实际脱贫数据要与年初脱贫计划基本一致。贫困人口和低保对象的退出共同按照入户收入核查、民主评议、一榜公示，乡镇审核、二榜公示，县级审批、三榜公示（同时县级公告）程序开展。要将脱贫后的扶贫低保户作为核查重点，对扶贫建档立卡系统中属于民政低保的一般保障户，家庭收入达到脱贫标准后，应在贫困人口建档立卡系统中销号，家庭年人均纯收入（低保口径）超过农村低保标准的，应退出农村低保保障范围；对不在扶贫建档立卡系统中的一般保障户，家庭年人均纯收入（低保口径）超过农村低保标准的，也应退出农村低保保障范围。农村低保长期保障户、重点保障户人口发生变化的，扶贫部门应将扶贫开发建档立卡信息平台及时更新。衔接工作要全程公开，接受监督，确保结果公开、公正、公平，并有相关记录和档案资料。第六、民政和扶贫部门合作是关键。两项制度和政策衔接，关键还是民政部门与扶贫部门间的协同、协作、协调和有效的工作分工和衔接，没有两个部分的精力合作与配合，没有统一步伐，低保和扶贫开发政策衔接也是难以持久的。因此，建立两项制度相衔接的组织机构，来共同研究规划实施两项制度实施是完全必要的，也是未来5年内的重点和关键。

四、实施农村低保兜底制度与扶贫开发政策有效衔接的思考

实施农村低保兜底制度与扶贫开发政策有效衔接包括有些省份已经实施的“两线合一”，都是为实现到2020年消除绝对贫困的重要举措，也是我国实现小康社会目标的重要任务。没有贫困地区脱贫，就很难说全国实现了小康，而最低生活保障下的消除绝对贫困的实现，是我国进入到一个历史新阶段的重要标志并将载入中华史册，如果说1949年中国人民翻身做主人获得解放是中国第一次站立起来的话，到2020年消除绝对贫困和脱贫目标的实现，则是中国摆脱

贫困贫穷进入到小康社会的历史发展新起点。说新起点，就是因为消除绝对贫困仅仅是开始，2020 年后，我国扶贫脱贫的任务将进入到消除相对贫困的新阶段，低保兜底还不是扶贫脱贫的长远目标，可持续扶贫脱贫，贫困地区脱贫致富达到小康目标才是扶贫脱贫目标，扶贫脱贫任重而道远。

论扶贫脱贫机制创新与2020年如期实现脱贫目标

（2015年8月国内外减贫热点专题评论）

习近平总书记2015年6月在贵州重要讲话中提出的“目前扶贫开发工作已经进入啃硬骨头、攻坚拔寨的冲刺期，只有采取力度更大、针对性更强、作用更直接、效果可持续的措施，切实落实领导责任、切实做到精准扶贫、切实强化社会合力、切实加强基层组织，才能确保贫困人口到2020年如期全部脱贫”，对指导我国扶贫开发和全面实现小康社会目标指明了方向，也为到2020年我国贫困地区如期全部脱贫增加了新任务。如何完成到2020年精准脱贫任务呢？我们认为其关键之一就是建立和完善新时期我国扶贫脱贫新机制。

一、我国扶贫脱贫机制创新取得明显效果，但面临新挑战

2010年以来，首先国家制定了《中国农村扶贫开发纲要（2011-2020年）》，确定集中连片特殊困难地区为扶贫脱贫主战场，扶贫开发进入到了新阶段。其次，国家提高了贫困线标准，扩大了扶贫开发规模和数量。再次就是集中连片区与发展和扶贫攻坚规划实施效果明显。主要表现在14个连片特困地区的区域减贫效果明显，农民人均纯收入增长率高于全国农村人均纯收入增长率，农村居民消费支出增幅快于全国平均增幅，片区GDP增幅均要高于全国平均增速。更主要的是以精准扶贫为标志的扶贫开发加快了扶贫脱贫的进程。与此同时，我国社会扶贫机制正在加快形成。当然，面临的挑战主要表现在：扶贫脱贫面临2015年后发展议程、新一轮全面深化改革、全面建成小康社会奋斗目标关键期、贫困地区要在2020年如期实现脱贫任务、经济“新常态”下社会经济发展新态势及国际社会经济新秩序调整新变化、新特点的全球合作与发展

及竞争新挑战。因此，到2020年这一时期，我国扶贫开发将进入到内源发展机制与外源拉动机制相结合，从单纯的外源推动为重点，转向培育内源发展机制快速形成的阶段。

二、扶贫脱贫机制目标：创新和构建多层扶贫脱贫动力新机制

新时期完善我国扶贫脱贫新机制是以创新和构建多层扶贫脱贫动力新机制为目标，以完善国家扶贫脱贫的保障体系和完善中央和地方扶贫开发制度体系为核心，积极推进和形成新时期我国扶贫开发治理内源推动机制、扶贫脱贫治理自我发动机制和扶贫开发治理的外源拉动机制的多层扶贫脱贫动力新机制，到2020年，国家扶贫开发治理体系基本形成，国家扶贫治理能力全面提升，即扶贫脱贫的基础能力、扶贫脱贫治理的社会发展能力和可持续发展的特色产业扶贫脱贫能力得到全面提升。创新和构建多层扶贫脱贫动力新机制，重点规划和实施扶贫脱贫宏观和微观双层次机制的协调和统一，即内源发展机制和外源拉动机制的合力推动。

以外源拉动机制强力推进，迅速提升扶贫脱贫能力，努力实现2020年如期脱贫的任务。到2020年要实现如期脱贫任务，外源拉动机制是关键。扶贫开发治理的外源拉动机制主要是国家宏观财政政策拉动机制、国家宏观金融政策服务拉动机制、多元合作拉动机制构成和片区的区域发展带动，即形成财政拉动力、金融拉动力、市场拉动力和区域综合拉动力。宏观财政政策拉动机制是通过改革财政专项扶贫资金管理来实现，即一方面通过增加专项扶贫资金支出，提高扶贫力度，另一方面通过财政专项扶贫资金管理，提高宏观财政政策实施准度和精度，提升扶贫资金使用效果。外源拉动机制完善则较多的是通过外部宏观经济政策和多方合作改善内部治理环境，实现内外联动，共同促进国家扶贫开发攻坚顺利推进。主要包括：片区发展与扶贫攻坚结合机制、社会扶贫机制、金融扶贫机制和专项财政扶贫资金分配机制，这是“十三五”时期我国扶贫脱贫机制完善的宏观战略重点，也是其机制完善的外源推动机制。

以促进和催生内源发展机制形成，提升扶贫脱贫造血能力才是根本。内源发展机制是内源自我动力机制和内源推动机制的有机统一，是扶贫脱贫动力源泉的内在力量。内源自我动力机制主要来自自我的内在原动力，主要包括内源机制和主体参与机制，是扶贫脱贫自我内源原动力。内源推动机制完善重在提升扶贫开发治理机制内部运行效率，通过内部管理约束评估、提升贫困

治理方法和效率等，达到内部要素最佳配置。主体参与机制和内源扶贫机制是“十三五”时期完善扶贫脱贫机制的必要前提和必备条件，只有不断提升贫困群体自身参与能力和自救能力，才能不断加快扶贫脱贫机制改革完善，成为新时期扶贫脱贫攻坚的内生助力。主体参与机制。主体参与是指扶贫脱贫机制完善过程中利益主体即贫困人群的参与。主体参与不仅包括传统意义上的贫困人群参与机制完善的决策、实施和监测，还包括建立以贫困人群为主体的制度化组织，实现自发的主体参与。在扶贫脱贫机制完善过程中，主体参与可以间接起到提升贫困人口能力的目的。通过引导贫困人口参与各种完善项目，在提高项目质量的同时，可以达到提升贫困人口自身发展意识和发展能力的目的，从而提高贫困人口的自主发展能力，实现从外部输血到内部造血的转变。不仅能提高外界项目和资源对贫困县内部实际情况的适应性，还能提高贫困人群对外部资源和机会的把握能力。主体参与，一方面要利益主体有意愿参与，另一方面要有便利的渠道参与。建立主体参与的渠道机制，就需要发挥机制内各种组织的桥梁作用。内源机制。内源扶贫机制是指为了激发贫困内部原动力而建立的多元动力机制，这种动力主要是三方面推动力：一是构建内部管理约束及激励机制，二是构建扶贫脱贫效率提升机制，三是扶贫脱贫治理方式完善推动机制。内源发展是指激发贫困村和贫困人口的内原动力，让他们从他救变为自救，获得长期的可自我维持发展的能力。在内源推动机制中，以精准扶贫形成内源推动力的核心，提升扶贫脱贫治理效率。以扶贫脱贫考核机制为引领，正确引导扶贫脱贫的治理方向，并形成有效地扶贫脱贫管理约束和激励机制。扶贫脱贫方式即帮扶机制的推动力则是内源动力机制的催化剂和助推器。三种机制动力形成合力，从而就可推动扶贫脱贫的内源强大发动机。

微观内源扶贫脱贫机制是指为了激发贫困内部原动力而建立的多元动力机制，这种动力主要是三方面推动力，一是构建内部管理约束及激励机制，主要通过扶贫脱贫考核机制和方式转变来实现，二是构建扶贫脱贫效率提升机制，主要是通过精准扶贫来实现，三是扶贫脱贫治理方式完善推动机制，主要是通过驻村帮扶来实现。在内源推动机制中，以精准扶贫形成内源推动力的核心，提升扶贫脱贫治理效率。以扶贫脱贫考核机制为引领，正确引导扶贫脱贫治理方向，并形成有效地扶贫脱贫管理约束和激励机制。扶贫脱贫方式即帮扶机制的推动力则是内源动力机制的催化剂和助推器。三种机制动力形成合力，从而就可推动扶贫脱贫的内源强大发动机。可以看出，贫困县考核退出机制，精准扶贫机制和干部驻村帮扶机制三大内源推动机制是扶贫脱贫机制完善的重要保障。如果农户不能建立起自主发展的理念，那么就会对外界的资源供给和外部组织形成依赖，即使贫困村得到了发展，也是一种外源性的发展，一旦外部扶助终止，发展的动力也就戛然而止。建立扶贫脱贫自主发展理念的方式是激发群众的权利意识，使贫困农户认识到自身的权利及这种权利的价值，进而去争取和维护这种权利，自然就形成了自主发展的理念。内源发展的人力资本培育。能力建设是贫困村内源发展的人力资本保障，也是内源发展的核心要义，也是贫困地区区域发展和现代化农民培育的核心要义。因此，扶贫脱贫是扶志、扶智和扶力的统一和结合，是扶贫心力、智力和行力的三力相融合。没有扶贫心力，难以树立全心全意为人民服务的理念，扶贫脱贫也很难符合贫困人口的需求和愿望。没有扶贫脱贫的智力，扶贫脱贫方式、模式效力难以高效。没有扶贫脱贫的行力，只夸夸其谈、搞形式主义，没有实际行动，农民也是难以获得扶贫脱贫的真实实惠和成果，也就是“真扶贫”“扶真贫”行动，将执行力和行动力完全变成贫困户的共同力，形成命运共同体。将扶贫脱贫内化于心，形成心力。转化于智，构成智能，提升扶贫脱贫效率和效果。融化于行，转变为真实的行动，让贫困户获得更多实惠。

贫困县考核机制助推2020年如期实现脱贫

（9月月度评论）

习近平总书记2015年6月发出确保现有贫困人口到2020年全部如期脱贫的动员令，提出了“四个切实”“六个精准”“四个一批”的要求，其中特别指出要“切实落实领导责任”。实践证明，切实落实领导责任的制度手段之一就是加强、改善扶贫工作有关的考核机制。通过考核制度，明确目标任务、明确完成时限、明确帮扶措施，建立以党政一把手负总责的扶贫工作责任制，履行好扶贫第一责任人的职责，通过“硬”指标，形成“硬”约束，才能确保扶贫规划顺利实施。

一、贫困县考核机制创新是2020年如期脱贫的重要保障

贫困县考核机制创新，是精准扶贫机制等其他扶贫机制创新提供有力的保障和重要推动力。贫困县考核机制既是建立精准扶贫、健全干部驻村帮扶、改革财政专项扶贫资金管理、完善金融服务和创新社会参与等五大机制的制度管理保障措施，也是促进建立精准扶贫、健全干部驻村帮扶、改革财政专项扶贫资金管理、完善金融服务和创新社会参与等五大机制的监督措施。五大机制是贫困县考核机制的主要内容，也是贫困县考核指标体系重要组成部分，考核机制统领着五大机制的整体推动，又是检验五大机制效果的抓手。贫困县考核机制完善能为贫困县退出机制提供坚实基础，是2020年如期脱贫的重要保障，扶贫最终目的是为了提高贫困人口的生活水平，减少绝对贫困人口数量，尤其是贫困人口分布的空间布局可能会随着贫困人口识别标准的改变而变化。这样就要求国家在原有贫困县的基础上建立完善的退出机制和扶贫开发效果评估体系，促进扶贫工作进一步适应新阶段我国扶贫开发新战略及部署。

二、我国贫困县考核机制初步建立 导向作用已显现

2013年以来，贫困县考核机制已经初步建立并开始顺利推进，效果已经显现。主要表现在：第一，贫困县考核机制已经初步形成相对完善考核制度体系。一方面构建了贫困县、贫困乡镇和贫困村三层考核制度体系，与此同时也制定了驻村工作队和第一书记等相应的考核制度体系，为贫困县考核制度的实施奠定了制度保障基础。第二，贫困县考核机制从考核领导干部和领导班子为核心，将贫困县的扶贫脱贫、乡镇扶贫脱贫作为主要考核对象，考核结果作为领导干部培养和任用重要参考和依据的制度，使贫困县党政领导干部对贫困县的扶贫脱贫得以高度重视。第三，贫困县考核机制，已经实现了由主要考核地区生产总值向主要考核扶贫开发工作成效转变，对限制开发区域和生态脆弱的国家扶贫开发工作重点县（以下简称重点县）取消地区生产总值考核，把提高贫困人口生活水平和减少贫困人口数量作为主要指标，引导贫困地区党政领导班子和领导干部把工作重点放在扶贫开发上。第四，贫困县考核体制已经建立。目前我国贫困县均成立了由组织部和相关单位组成的考核领导小组和考核办公室，专项负责考核工作，贫困县考核体制并运转良好。第五，制定了符合本地市级的贫困县考核指标体系，实现了考核科学化、规范化、定量化和制度化。从指标体系设计看，实现了统一标准和分类考核相结合，从考核内容看，实现了农村经济社会发展和生态环境保护相结合；从考核实施看，实现了目标考核与过程考核相结合；从民主程度看，实现了上评与下评、自评与互评相结合；从考核周期看，实现了定期考核与督察暗访相结合。第六，考核结果已经实施运用。从结果运用看，实现了考核结果与干部个人发展相结合，如在《贵州省贫困县党政领导班子和领导干部经济社会发展实绩考核办法》明确指出，扶贫开发工作成效显著的，可优先提拔使用。对贫困县扶贫开发工作考核结果优良的，按不同等次给予项目资金奖励。扶贫开发工作成效不明显，连续两年群众满意度不高的贫困县，由市（州）党委、政府约谈其党委、政府主要领导，督促整改落实。对整改落实不力的，按干部管理权限进行组织调整。从扶贫格局的发展变化方向看，实现考核机制与退出机制相结合。第七，扶贫脱贫责任意识明显增强。考核机制明确了贫困县、乡镇村扶贫脱贫的具体任务，并且将扶贫脱贫目标任务落实到驻村帮扶干部个人身上，从增强了对贫困户帮扶措施、就业培训、产业发展等责任，提升了扶贫脱贫能力的水平，加快了扶贫

脱贫的效率和速度。第八，考核机制密切了干群关系。形成了乡镇与贫困村贫困户之间形成了日益密切共同体，减少和缓解了干群之间矛盾冲突。第九，考核机制有力推动了在新时期新条件下贫困地区乡村治理新体系形成，贫困村两委、驻村干部和帮扶工作对以及村第一书记和村名形成了贫困村新时期乡村治理新体系。第十，贫困县考核机制对 2020 年如期实现脱贫任务起到了重要的推动支撑作用。根据不同自然社会经济条件，贫困县乡镇村户均制订了脱贫目标计划，并以此进行考核完成程度和水平，从而为 2020 年如期脱贫提供了制度上的保障作用。表现在：大大提升了贫困县扶贫脱贫能力，一方面，考核机制通过“指挥棒”作用，强化贫困县脱贫的内生能力和动力。另一方面，贫困县考核机制也促进了财政专项扶贫资金管理机制、金融服务机制的改革，通过强化贫困县扶贫体制，理顺县域扶贫关系实现贫困县扶贫脱贫能力的提升。其中财政专项扶贫资金管理机制把资金分配与工作考核、资金使用绩效评价结果相结合，从而提升扶贫资金的效果。

三、当前考核机制存在的不足和问题

尽管我国扶贫考核体系制度和机制基本形成，但受区域在自然社会经济和贫困考核机制本身复杂等，还存在着很多不足和问题，主要表现在：

第一，考核机制推进存在明显区域差异。贫困县考核机制实施推进速度和效果存在着区域差异性。不同省、不同县、不同乡镇、不同村之间在制度建设和实施推进方面还存在着很多差异性。其一，推进速度有快有慢，有的已经实施了多次考核，有些还处于完善信息和信息收集过程中。其二，重点县乡镇村户和非重点县乡镇村户、示范县乡镇村与非示范县县乡镇村户之间存在很大差异，示范点各项工作明显好于非示范点。第二，贫困县考核机制和考核标准问题难以把握。尽管制订了考核指标体系，但在执行过程中仍存在着实施执行中的矛盾和标准的把握。如要求驻村干部每月驻村时间不低于 20 天，但如何进行考核呢？第三，对部门考核相对滞后。一方面，尽管贫困县制定了行业参与扶贫职责，也制定了相应考核办法，但考核相对滞后，权重较小，力度相对较弱。第四，考核中的存在形式和方式需要完善。表现在：考核方式流于形式，听汇报开座谈多，以“说”代“做”多。民主测评流于形式现象屮有发生。考核结果的运用与干部提拔任用等方面结合还不够紧密。第五，考核指标体系和考核目标过高，乡镇面临的考核压力过大。乡镇是扶贫攻坚工作的具体执行者，很多操作的环节都需要乡镇干部去执行，然而，有些政策的制定没有考虑到基层实际，导致基层很难完成，有些考核目标过高，大大增加了乡镇难度和压力。第六，贫困县考核机制动态性和长期性问题。考核机制基础是有考核好制度和目标，目前贫困县乡镇村考核目标任务和责任对扶贫脱贫作用非常明显，也是贫困县乡镇村尤其是贫困户最期望能够长期坚持下去。另一方面，扶贫和脱贫受到的非经济因素导致返贫影响力在不断提升，主要是不断增多的突发性自然灾害、不断增多的大病侵袭、不断增多的交通事故、不断增多的社会治安伤害等导致了脱贫脆弱性和返贫易发性，因此，考核目标随着扶贫脱贫动态性变化而变化。对此，需要在考核机制中给予充分考虑。第七，考核公平性、公开性和参与性问题。应当说，目前贫困县考核机制公平性、公开性和参与性总体是很好的。但仍然存在很多问题需要进一步完善，考核参与性仍然不是很广泛，尤其是对于从下对上考核和评估、对于第三方考核评估的引入等，目前尚未推进。

四、完善贫困县考核机制的思考和建议

我们认为贫困县考核机制在推动贫困县将工作重点转移到扶贫脱贫上来，对限制开发区域和生态脆弱的国家扶贫开发工作重点县（以下简称重点县）取消地区生产总值考核，把提高贫困人口生活水平和减少贫困人口数量作为主要指标，等等方面已经显示出了重要作用，但也存在很多不足和问题，尤其是考虑到2020年如期脱贫任务，贫困县考核机制还需要在以下几个方面进一步完善和创新：

第一，进一步强化对扶贫脱贫重视，完善贫困县考核体制建设。到2020年贫困地区如期脱贫是“十三五”全党全国“十大”重点任务之一，贫困县考核机制完善是保障如期实现脱贫重要工作，需要全社会高度重视，因此，完善贫困县考核机制是重中之重。建议强化和理顺贫困县考核体制，建立专门考核机构，明确考核机构职责和任务，充实力量和队伍建设。第二，强化和完善贫困县考核制度体系建设。中组部等制定并下发了《关于改进贫困县党政领导班子和领导干部经济社会发展实绩考核工作的意见》，全国省市自治区尤其是贫困地区也都先后制定了贫困县党政领导班子和领导干部经济社会发展实绩考核工作办法和具体实施办法，但目前各地的实施进度有所不同，有快有慢，进度不一。建议各省市自治区、市、县、镇根据中央和国家制定的文件精神尽快制定

贫困县考核制度规定，从制度上保障扶贫脱贫考核机制规范。第三，完善和构建贫困县扶贫脱贫考核指标体系。重点是：积极探索建立相对可比的省级贫困县分类考核指标体系；指标体系中要将精准扶贫、精准脱贫、产业发展培育、生态保护、民生改善等综合指标纳入其中；完善贫困县考核指标体系和考核目标的动态调整；积极探索超过 2300 元标准下和返贫条件下的动态考核指标和考核目标责任的调整修正完善。建议对区域发展与扶贫攻坚实施规划和精准扶贫工作的规划和实施进行考核。提高党的建设的考核权重。第四，加大和完善贫困县考核信息采集系统建设。贫困县考核制度的有效性和可信性，在很大程度上取决于考核所使用数据的代表性和权威性，这是贫困县考核机制改革面临的一大难题。建议在重点县和片区县扩大贫困县调查农户样本，使调查样本对贫困县具有代表性。第五，改善考核方式、调整贫困县党政领导班子和领导干部发展实绩的评价方法。建议：加强对贫困县的纵向考评；加强扶贫攻坚的过程考核；实行年度考核和政府任期考核相结合；加强日常督察，建议把定期考核与督察、暗访等形式结合起来；提高考核的透明度。引入第三方评估，提升贫困县考核机制和实施效果真实性和认知度。考核指标和考核责任目标要更加具体和能够量化；贫困县考核机制要将上级组织对下级组织考核与下级对上级的考核紧密结合起来。也就是上评和下评相结合。第六，强化考核结果的运用和问责，进一步完善奖惩问责制度。考核能否起到预期的激励和引导作用，考核结果运用至关重要。考虑到基层干部职务的上升空间，建议在考核结果运用上加大奖惩力度，有条件的地区，可在乡镇试行扶贫攻坚考核和工资待遇挂钩，把扶贫考核同职级工资调整结合起来。第七，将贫困县考核机制与贫困县约束机制和贫困县退出机制紧密结合。目前贫困县考核机制实际上在一定程度上与退出机制紧密结合，考核目标责任中就有贫困户退出、贫困村退出、贫困乡镇退出和贫困县退出的考核目标责任。但在确定退出目标时还是要客观真实，防止出现“被扶贫”“被脱贫”，真正做到“真扶贫”“扶真贫”“扶贫真”，“真脱贫”“脱真贫”“脱贫真”。

精准扶贫精准帮扶强力推动2020年如期脱贫

（2015年10月国内外减贫热点专题评论）

要全面实现建成小康社会目标，扶贫脱贫是关键。而要确保贫困人口到2020年如期脱贫，精准扶贫精准脱贫是根本。可以说精准扶贫在新时期的特殊性和重大意义已经成为全社会的共识，不仅表现在精准扶贫是我国到2020年全面实现小康目标的重要保障，而且，实施精准扶贫是完善扶贫开发治理体系的迫切需要，是加强扶贫开发治理能力建设的必然要求。同时，实施精准扶贫是我国当前阶段扶贫开发转型的需要，是适应贫困人口特征变化的需要，是扶贫开发机制创新的重要内容。

一、精准扶贫已经取得明显成效

精准扶贫的核心内容就体现在习近平总书记提出“对象要精准、项目安排要精准、资金使用要精准、措施到位要精准、因村派人要精准、脱贫成效要精准”即“六个精准”上面，这一思想是在总结我国前期的“四个精准”基础上将精准扶贫精准脱贫推向了新阶段，即扶贫对象更加精准，扶贫脱贫措施更加精细化、资金管理和使用更高效，扶贫脱贫措施和项目更加追求差异化和个性化，扶贫脱贫的结对帮扶更加紧密化，进一步丰富了“精准扶贫”的内涵。实践证明精准扶贫在推动我国到2020年如期脱贫方面已经取得明显成效。第一，精准扶贫精准脱贫各项制度基本建立，精准扶贫精准脱贫的制度体系初步形成。全国各省市自治区均制定了落实该项政策文件的省级、市级和县级文件，精准扶贫各项制度体系初步形成，为精准扶贫精准脱贫奠定了良好制度基础。第二，精准识别顺利完成，对象精准性明显提升。2014年建档立卡制度实施，全国所有贫困县、片区县和省级贫困县的贫困村和贫困户都已经精准识别。据统计，全国12.8万个贫困村、3000万个贫困户和9000万个贫困人口全部完成了贫困建档立卡，并经过 2015 年以来的复核检查和调整，贫困户、贫困村、贫困乡镇的各项综合信息档案已经建立起来，从而保证了扶贫对象的精准，为精准脱贫和资金精准、项目精准、驻村帮扶精准的全面有效的实施奠定较为扎实的基础，也为建立贫困大数据建设提供了较好基础的数据。第三，驻村帮扶工作队伍基本到位，贫困村第一书记也陆续到位，形成了新时期中国扶贫脱贫新型治理结构。目前我国向 12.8 万个贫困村选派的驻村帮扶工作队伍 40 多万名干部基本全部到位，贫困村第一书记选派也在加快到位，平均每村 3 至 5 名干部队伍，每个贫困户都有对应的帮扶干部，从而形成了新时期我国在贫困村的两委干部（村支部和村委会）、驻村帮扶工作队员、驻村包村干部、第一书记等于一体的新型贫困村干部新体系，构建了新型的扶贫脱贫治理结构即乡村治理结构。做到了每个贫困户都有属于自已各自的帮扶干部对接，贫困户生产、生活及产业发展都有根部在指导和帮扶。第四，全社会参与的“大扶贫”格局基本形成。目前，从中央国家部委、省市机关事业单位、中央和国家企业、县直机关和乡镇村，积极参与到了我国贫困村的扶贫脱贫工作中，社会团体、企业也都积极参与其中，无论是以片区牵头单位，还是对口帮扶，不管是东西协作，扶贫脱贫的共同职责将政府、社会和市场力量聚集一体，为贫困地区 2020 年如期完成脱贫任务提供了强有力地支撑动力。健全干部驻村帮扶机制，实现了驻村帮扶制度化，把各级政府工作人员同贫困户直接紧密的联系起来，几乎动员了全社会的力量参与到了扶贫体系中。同时，通过对社会参与，更加广泛动员社会各方面力量参与扶贫开发制度，形成“大扶贫”的扶贫攻坚格局。第五，帮扶资金和帮扶项目的精准度大幅提升。正是由于扶贫对象精准程度不断提高，从而为资金精准和项目精准奠定了基础，即扶贫项目和扶贫资金完全瞄准贫困户和贫困村，产业扶贫项目、资金贷款对象以及社保、医疗卫生计划等民生项目和交通、水利、电等基础设施项目和资金也同样聚集到了贫困村和贫困户，提升了扶贫脱贫效率。与此同时，资金和项目精准的另一个方面因村因户不同而实施不同脱贫措施，因病治病、因教育治贫等等，也将根据自身的需求确定了不同扶贫脱贫项目和资金配套。一方面，推动了财政专项扶贫资金管理机制、金融服务机制的改革，另一方面也起到了强化金融扶贫服务机制的导向作用。第六，各具特色的精准扶贫精准脱贫创新模式不断涌现。在精淮扶贫精准脱贫新战略下，中国各省市县乡镇积极行动起来，根据自身条件和优势，创新和探索了很多不同特色的精准扶贫精准脱贫模式，例如在以前广东双到模式："规划到户、责任到人"模式，陕西"三五"模式、江苏"分类精准扶贫"等基础上，2015年全国又出现了诸如贵州"四看"精准识别法及十大产业和"两线合一"创新做法。甘肃省在"联户联村—双联"模式基础上又创新推出了"六精准"和"1+17"扶贫模式及贫困县村户脱贫"191712"标准新探索等很多新举措、新方式。第七，扶贫脱贫治理能力明显提升。通过对贵州、陕西、广西、内蒙古、甘肃、云南、湖北等农村贫困户调研结果表明，精准扶贫精准脱贫大大提升了扶贫脱贫的治理能力和水平，调查村的农户收入提升了28%以上，产业收入和创业收入贡献率在收入中的份额提升了近10个百分点，农户生计能力和应对风险能力也大大提升，将脱贫时间平均提前了1.8年。究其原因，精准扶贫和精准脱贫的责任考核制度，在很大程度上强化了脱贫内生能力和动力。第八，增强了扶贫脱贫责任意识，密切了干群关系。精准扶贫精准脱贫明确了贫困县、乡镇村扶贫脱贫具体目标和重点任务，并且将扶贫脱贫目标任务落实到驻村帮扶干部个人身上，从增强了对贫困户帮扶措施、就业培训、产业发展等责任，提升了扶贫脱贫能力和水平，加快了扶贫脱贫的效率和速度，与此同时，也形成了乡镇政府与贫困村贫困户、干部与群众日益密切的共同体，缓解并化解了多年淤积的干群矛盾冲突，形成了新型干群关系。

二、中国精准扶贫精准脱贫面临的问题、挑战和建议

中国精准扶贫精准脱贫取得了初步效果，加快了扶贫脱贫进程，形成了新时期扶贫脱贫治理新体系，提升了扶贫脱贫的能力，但也出现了很多新问题和新矛盾，需要及时制定相应政策措施。

（一）要注重解决精准扶贫推进中的区域差异性和发展不平衡性问题。目前全国建档立卡基本完成，有些省份还针对建档立卡数据资料存在问题进行了重新的核对调整，使帮扶对象精准化程度大大提高。与此同时全国12.8万个贫困村的驻村帮扶工作队和第一书记的选派工作大多已经完成，有些已经运行了一年时间，但第一书记进驻工作正在积极推进。与此同时，在项目精准、资金精准、脱贫成效精准方面也存在着省际间、县域间甚至乡镇村间进度、进程和精准水平和效果上的差异。重点县乡镇村户和非重点县乡镇村户、示范县乡镇村与非示范县乡镇村户之间存在很大差异，示范点各项工作明显好于非示范点。建议国家和省市在实施精准扶贫精准脱贫中，既要注重区域差异性，但同时还要注重统一性和一致性，首先要均衡推进均衡发展，尽量避免政策差异性导致

区域间的不公平性。其次，以推广示范县乡镇经验导向，稳步推进精准扶贫精准脱贫协同发展。

（二）要研究和解决贫困户脆弱性及外部突发性因素影响变大导致扶贫脱贫的稳定性和长效性不强的新方法和新思路。精准扶贫精准脱贫提升了扶贫脱贫的能力和效果，但是，经济发展的脆弱性、自然和社会的脆弱性不断增强，导致扶贫脱贫家庭返贫易发性。主要表现在突发性自然灾害增多、突发性疾病大病增多、突发性交通事故和社会治安危害增大，与此同时，因学致贫影响度仍很高，影响了扶贫脱贫效果和水平。建议国家要在精准扶贫和精准脱贫过程中一方面加大医疗、教育扶贫力度，减少返贫比率。另一方面要加大对自然灾害治理投资治理，减少灾害对贫困影响。与此同时，最关键还是强化产业扶贫力度，提升产业发展可持续的能力。

（三）要研究探讨扶贫脱贫标准依然偏低，单一化指标带来扶贫脱贫不稳定性的问题。一方面目前贫困人口标准是 2300 元，这与目前农村消费需求和物价上涨因素比较，显然一直是低水平的标准。另一方面，就是人均收入指标的单一性问题。尽管中国各省县乡镇和贫困村在扶贫脱贫中采取了像威宁的“四看法”，甘肃省的“191712”村户多维贫困脱贫考核评价方法，但在测定全国贫困人口和各省脱贫人口时，仍然还是以人均收入的单一指标来确定，显然，与贫困人口所需要的吃穿住用和公共服务需求相比较，已经难以适应目前农村实际需要了，制定和调整扶贫脱贫标准及实施多维贫困综合指标刻不容缓。建议：第一，国家在贫困标准制定中综合考查多种因素，实施多维贫困标准的测度监测。第二，根据世界银行贫困新标准及时制定中国扶贫脱贫新标准。

（四）研究和尽快解决部分地区扶贫脱贫治理体系功能和职责出现不明晰现象。一方面对于目前的驻村帮扶工作队、第一书记、驻村帮扶干部和原有的村级两委干部之间职责分工问题已经成为有效推动扶贫脱贫的重要问题，目前已经出现了职责不明分工不清导致的工作重叠、缺位和权责不协调问题，有些已经出现矛盾，需及时解决。另一方面，新扶贫脱贫治理体系和大扶贫格局形成后，资源资金整合和运行管理机制包括企业和社会团体等参与扶贫脱贫后的整体管理也正成为当前的重要问题。建议国家和省市贫困县组织部，尽快研究和探索并制定新时期村委会、村支部、村干部、驻村帮扶工作队干部和村第一书记的职责分工，形成新时期中国农村扶贫脱贫治理新体系。

（五）研究并制定消除贫困地区对精准扶贫长效化存在担忧的措施。精准扶贫精准脱贫效果明显，深受群众欢迎，但目前群众最担忧两个问题。其一，目前的脱贫标准低，确定为脱贫户后，对返贫后没有帮扶的担心增多。其二，驻村帮扶政策和机制是否可以长效化？是不是仅仅这几年的短期性政策，需要进行研究。建议国家明确可以对以下政策的重点研究：其一，2020 年如期实现脱贫目标后，我国扶贫脱贫任务应转向如何提高收入水平，减少和消除相对贫困。其二，小康社会后我国的贫困标准是什么？其三，驻村帮扶制度等一系列精准扶贫政策实施时限。

（六）精准扶贫与精准脱贫的进度需要更加科学化的推进。国家期望到 2020 年时点上如期实现全国范围内的整体脱贫目标，这要依靠各省脱贫目标的实现来支撑，尤其是贫困人口较多的省份脱贫程度和脱贫快慢直接影响着全国脱贫程度和水平。需要各省制定目标，以此类推，各省则制定贫困县退出目标计划和时间进度，县制定乡镇退出计划目标，乡镇制定贫困村退出计划目标，但目前普遍现象都是层层将脱贫计划的时间提前，很多省份都初步确定在 2017 年首先脱贫，所以 2015、2016 和 2017 年的脱贫任务相当艰巨，对此需要进行认真分析。建议：其一，国家和各省市在制定脱贫目标时要更加精准，不宜主观上提前时间。其二，县乡镇村和农户脱贫退出有所区别，但也要进行动态调整，对于返贫户要及时给予帮扶，建立动态调整机制，制定新政策，进一步提升精准扶贫程度和水平。

（七）加大力度做好片区规划实施与精准扶贫融合推进。片区规划是我国扶贫开发重要举措。3 年来实践证明，在推动扶贫脱贫投资和调动中央国家部委积极参与扶贫开发中起到了积极作用，取得了明显效果。如何继续利用并聚焦连片特困地区主战场，落实习总书记“要强化扶贫开发工作领导责任制，把中央统筹、省负总责、市（地）县抓落实的管理体制，片为重点、工作到村、扶贫到户的工作机制”，将片区规划实施与精准扶贫融合推进，也是一个重要问题。建议：其一，继续加大片区规划实施力度，以片为重点，将片区规划实施作为精准扶贫的抓手。其二，加大片区规划与“十三五”规划的对接力度，为精准扶贫创造良好基础支撑和提供强有力的保障。其三，加大片区规划实施考核力度。

论2020年实现如期脱贫和解决区域性整体贫困问题

（2015年11月国内外减贫热点专题评论）

继十八届五中全会提出了全面建成小康社会新的目标要求，其中扶贫领域的目标是，在我国现行标准下农村贫困人口实现脱贫，贫困县全部摘帽，解决区域性整体贫困。中共中央政治局11月23日召开会议审议通过的《关于打赢脱贫攻坚战的决定》和2015年11月27日—28日召开的中央扶贫开发工作会议，都进一步明确了到2020年我国扶贫脱贫的目标就是"在我国现行标准下农村贫困人口实现脱贫，贫困县全部摘帽，解决区域性整体贫困"。要咬定青山不放松，采取超常规举措，拿出过硬办法，举全党全社会之力，坚决打赢脱贫攻坚战。

一、区域性整体贫困的特点

区域性贫困是由于自然条件的恶劣和社会发展水平低下所出现的一种贫困现象，我国贫困人口的分布具有明显的区域性，集中分布在若干自然条件相对恶劣的地区。主要特点是：（1）区域分布集中性，中西部成为贫困地区的主要集中地区。现阶段贫困地区主要分布在大西北、大西南和老少边山地区，这些地区大多是生态脆弱和交通闭塞地带，经济发展水平落后，西部贫困人口占贫困人口49.7%，中部占43.4%，两者相加占到93.1%。贫困状态以县为单位成片分布，中西部地区贫困发生率最高，西部以西藏自治区最高，中部地区以湖南省最高，在全国592个县扶贫开发重点县，西部地区除西藏外共有375个，占全国的63.4%。（2）社会经济结构的封闭性。生产方式相对原始和落后，产业结构单一，生活水平低，贫困农村的社区功能严重不全，社区生活表现出明显的封闭性，外部生产方式渗入难度较大。（3）自然条件恶劣和社会基础薄弱。

贫困区域大都处于深山、高原、沙漠等地区，水资源缺乏、土地贫瘠、生态脆弱、灾害频繁，社会基础薄弱，大多远离区域中心，受中心城市辐射作用小，交通、公共服务水平等社会基础薄弱，市场体系不完善，贫困地区基本公共服务不足，教育、文化、卫生、体育等方面软硬件建设滞后。（4）深度贫困与少数民族聚居相互交织。民族地区与贫困地区在空间分布上高度重叠，深度贫困与少数民族聚居相互交织。民族地区贫困面大，贫困程度深。西藏、内蒙古、新疆、宁夏和广西5个省级民族自治区和少数民族人口比较集中的贵州、云南和青海3个省的扶贫开发重点县数量达305个，占全国比例为45.9%，占西部地区的比例为68.1%。（5）资源配置效率低。贫困地区往往受限于开发条件及政策等因素，资源转化为生产力和财富的能力远低于发达地区，资源开发的低层次循环，资金供给和需求缺口大，导致资金运行间断性强可持续性弱。总而言之，从区域分片来看，区域性整体贫困主要在革命老区、民族地区、边疆地区和连片特困地区这些重点区域。

从整体性贫困来看主要有以下特点：第一，贫困多维性。除了收入型贫困外，大多贫困还表现出整体性的多维性特点，住房生活性贫困、文化消费贫困、生计能力型贫困和发展能力的贫困。第二，贫困与灾害叠加性。贫困地区往往更易受到灾害的侵袭，贫困地区的贫困家庭抗击灾害风险的能力最脆弱，灾害对贫困地区的贫困家庭影响也最大。贫困地区家庭的脱贫难度也最大。第三，贫困内源性和外溢性矛盾突出。对于区域性整体性贫困来说，贫困的内源性激发和培育难度最大，而贫困区域的扶贫脱贫的外溢性往往会受到较大约束，导致释放能量和释放效应的下降。第四，空心化与区域不稳定性。一方面贫困地区出现空心化现象，劳动力外出转移等造成扶贫脱贫的区域内与贫困人口承载新变化，但因为城市制度接纳吸收农民的制度排挤性，导致了贫困人口在区域上的不稳地流动。

二“6个精准”“5个一批”和片区攻坚规划是确保区域性整体贫困如期解决的重点任务

（一）6个精准成为解决区域性整体贫困的重要抓手。解决区域性整体贫困问题，其基本方略就是精准扶贫精准脱贫，可以说，这是2014年以来扶贫脱贫的重要工作核心。从开始的精准识别、精准扶持、精准管理和精准考核4个精准的第一时期到对象要精准、项目安排要精准、资金使用要精准、措施到位要精准、因村派人要精准、脱贫成效要精准等 6 个精准。我国扶贫脱贫精准性和解决区域性整体性贫困地效果已经显现出来，不仅表现在精准识别顺利完成，精准程度大大提升，驻村帮扶工作队伍和贫困村第一书记基本到位，形成了扶贫脱贫治理新结构，帮扶资金和帮扶项目的精准度大幅提升，全社会参与的“大扶贫”格局进入到新阶段。与此同时，也出现了各具特色扶贫脱贫新模式，大大提升了扶贫脱贫治理能力提升，而且，增强了扶贫脱贫责任意识，密切了干群关系，深受贫困地区欢迎。正像习近平总书记指出的那样“实施精准扶贫、精准脱贫，7017 万农村贫困人口脱贫目标是可以实现的”。

（二）5 个一批是解决区域性整体贫困的主要路径。根据自改革开放以来的中国扶贫开发 30 年来实践，扶贫脱贫的边际难度不断增加，扶贫脱贫边际效应在减弱。因此，必须采取超常规的政策组合和过硬的措施，才能实现到 2020 年如期脱贫的目标。从 2011 年至 2014 年来看，我国每年农村脱贫人口分别为 4329 万、2339 万、1650 万、1232 万。因此，通过采取过硬的、管用的举措，今后每年减贫 1000 万人的任务才可能完成。这些措施和路径就是，其一，通过产业扶持、产业发展，解决一批贫困人口脱贫；其二，通过转移就业，也就是就业发展和城镇化发展来转移，从而来解决一批贫困人口的脱贫；其三，通过教育扶贫解决扶持一批贫困人口脱贫；其四，通过生态扶贫解决一批贫困人口扶贫脱贫；其五，对于还有 2000 多万完全或部分丧失劳动能力的贫困人口，可以通过全部纳入低保覆盖范围，实现社保政策兜底脱贫。也就是说，5 个一批指明了解决区域性整体贫困的总路径，但具体到每一个路径上的区域解决方案，仍然需要很好地研究并制定相应的区域整体性细化措施和具体对策才能得以完成。

（三）片区规划实施是解决区域性整体贫困问题必不可少的动力源之一。中央政治局通过的《关于打赢脱贫攻坚战的决定》和中央扶贫工作会议明确提出，打赢脱贫攻坚战，必须坚持精准帮扶和集中连片特殊困难地区开发紧密结合，是四个方针之一。在强化领导发挥政治和制度优势方面，同样强调了“实行中央统筹、省（自治区、直辖市）负总责、市（地）县抓落实的领导体制和片区为重点、精准到村到户的工作机制”，片区的重点作用同样不可缺少。事实上从 2012 年、2013 年和 2014 年对片区规划实施监测结果以及显示，连片特困地区的精准扶贫效果最明显，无论从减贫效果和从人均收入等指标均高于全国平均水平。与此同时，片区规划的关键是通过片区规划实施，形成和构建了我国除了以前的对口帮扶、东西协作、定点扶贫之外新时期中央和国家部委强力支持扶贫脱贫的重要平台的抓手，通过规划的实施，构建了脱贫攻坚的新型治理架构和政府社会市场打扶贫格局的新局面，必将大力推动“十三五”扶贫脱贫规划和目标如期实现。

三、建立政策融合推进新机制迫在眉睫

2015年6月份以来，扶贫脱贫工作成为我国党和国家以及社会各界最关切的热点问题，尤其是2015年10月份以来，从减贫论坛开始，十八届五中全会、中央政治局通过的“坚决打赢脱贫攻坚战决定”以及召开的中央扶贫开发工作会议，会议如此之高规格，力度如此之大，决心如此之坚定，是我国扶贫开发历史上从未有过的。可以不夸张地说，中国“十三五”发展目标和任务实现的过程和解决就是中国扶贫脱贫历史最中国的过程和结果，打赢脱贫攻坚战之日，就是实现“十三五”全面建成小康社会目标之时。因此，在解决区域性整体贫困问题中，政策融协调推进机制建立非常重要。一方面要国家层面上经济增长下行，经济新常态给扶贫脱贫带来的压力和难度，扶贫脱贫不仅要顺应新常态，而且要面临着提升扶贫脱贫效率的任务。要在经济增速回落，投资增速下降，市场空间和容量缩减，农产品价格波动性增强、收入波动性增强，国家财政收入增速减慢后如何保障与扶贫脱贫需求相匹配。另一方面，也要努力解决好农村空心化后贫困地区公共服务设施和均等化制度建设面临新矛盾等等问题。具体建议如下：

第一，完善和构建贫困地区区域合作整体框架。加强集中连片地区的交流协作，以跨区交通、环保、旅游等重大项目为重点，加强基础设施互联互通，共同推动重大铁路、公路、机场、航运等建设，推进能源开发、能源运输网络、骨干电网体系、输配电体系、油气管道网络等合作，推进在物流信息化、数字城管、智能交通管理工程、医疗保险信息服务等方面的交流与合作。促进产业分工协作，以特色优势产业为重点，构建错位发展、分工协作的产业发展格局，鼓励跨区域重组联合，共同打造产业链群，实现产业扶贫。

第二，提升区域性经整体扶贫的政策融合推进。一方面要进一步提升精准扶贫精准脱贫效率，另一方面要加大片区开发力度，将片区开发与精准扶贫紧密结合。强化扶贫的整体性综合扶贫和脱贫能力提升和培育。不仅要提高农户和农村的收入水平，而且要提升农户和农村乡镇的自身生机发展能力，提升产

业发展能力。不仅要制定收入提升计划，更重要的还是要制定农村公共服务能力和水平；不仅要农户个人素质能力提高，还需要在教育文化技能和集体经济能力的整体性提升。提高和加快社会大扶贫格局推进速度。完善和落实有利于推进全社会参与扶贫的大扶贫格局形成的政策落实完善，创造实现社会力量参与扶贫的新方式新业态，形成新时期社会扶贫大格局的强大整体性力量，推动区域性整体性脱贫。

第三，提升片区规划实施的精准性，提高精准扶贫精准脱贫的区域规划科学性和合理性。一方面要将片区规划与“十三五”规划和扶贫专项规划合理对接，另一方面，也要将各省县、乡镇和村及其贫困户的精准脱贫与贫困县退出、贫困县镇退出等紧密结合，努力完成到 2020 年贫困人口如期脱贫，贫困县全部摘帽，区域性整体贫困得以解决。与此同时，还要科学合理制定脱贫时间表，将军令状和责任制与脱贫的真实性程度挂钩，并将脱贫的真实性作为军令状和责任的重要内容，让解决中国完成解决区域性整体性贫困问题目标任务经得起历史检验，经得起人民的检验，经得起国际检验。

论 2020 年实现如期脱贫和贫困的有序性和精准性退出机制

（2015 年 12 月国内外减贫热点专题评论）

我国扶贫开发进入到了千载难逢的最好机遇、也是最关键阶段，同时也是最艰巨的历史性时期。一方面，中央将扶贫脱贫定位到“扶贫开发事关全面建成小康社会，事关增进人民福祉，事关巩固党的执政基础，事关国家长治久安，事关我国国际形象，打赢脱贫攻坚战，是促进全体人民共享改革发展成果、逐步实现共同富裕的重大举措，也是经济发展新常态下扩大国内需求、促进经济增长的重要途径”。定位如此之高，是历史上从未有过的。另一方面，中国目前还有 7017 万贫困人口规模需要脱贫，确保到 2020 年农村贫困人口实现脱贫，是全面建成小康社会最艰巨任务，而“十三五”是最关键阶段，正像中共中央国务院关于打赢脱贫攻坚战的决定中所指出的那样：“我国扶贫开发进入到了啃硬骨头、攻坚拔寨的冲刺期”，一般来说，随着扶贫脱贫快速推进，扶贫脱贫的边际难度越来越大，呈递增趋势，脱贫的边际效应和效果越来越小，呈现递减趋势。与此同时，扶贫脱贫又是我国新时期的历史性新机遇，是继 2003 年以后我国取消农业税历史性功绩后，到 2020 年实现第一百年奋斗目标即全面建成小康目标而载入史册。但在实现 2020 年实现如期脱贫过程中，贫困县全部摘帽、贫困乡镇、贫困村和贫困户的退出，必须是有序化和精准性推进，否则，就会造成严重的社会经济发展隐患和一系列矛盾和问题。

一、建立贫困退出机制是扶贫脱贫工作机制重要内容

为全面落实十八届五中全会和中央扶贫开发工作会议精神，国务院扶贫办主任刘永富在刚刚闭幕的全国扶贫工作会议提出了建设五个平台、建立和完

善三项机制、开展七大行动和推进十项工程。而三项扶贫脱贫工作机制是建设五大平台、七大行动和十项工程的基础和前提，没有三大机制的完善和建立，五大平台的建设就会缺乏基础和保障，七大行动就会难以提升其效率，十项工程也会缺乏基础保障。而在三大机制中，健全考核机制是实现扶贫脱贫的制度保障，退出机制是扶贫脱贫有序化和精准性的基础，第三方评估则是扶贫脱贫的公平性和认知度的保障，可大大增强扶贫脱贫的公信力和诚信度。退出机制既是三大机制的重要内容之一，同时也是考核机制的前提和内容，更是第三方评估的重点评估内容之一。建立贫困退出机制，就是通过国家制定贫困人口、贫困县和贫困村退出的指导性意见，明确贫困退出标准和程序，从而防止假脱贫、被脱贫、数字脱贫的现象，通过提高和保障退出精准性来提升脱贫精准性，通过提升退出有序化提升脱贫的有序化程度和水平，从而保障脱贫和贫困退出的规范化、科学化和精准性。合理、科学、有序和精准的退出，是如期脱贫的关键和保障，与此同时，贫困退出的关键是扶贫脱贫政策的规范化和有序化的退出，从而避免和减少在脱贫和退出过程中的脆弱性，尽量杜绝出现返贫、脱贫低水平和缺乏可持续能力的脱贫以及退出弊端。

二、我国贫困退出机制的面临的困难矛盾和主要问题

通过调研发现，从目前我国贫困退出机制的实施情况看，既有共同点，也有着明显的区域差异性和时序性差别性。从共同点来看主要表现在：第一，各省市自治区均以国家扶贫战略为依据，根据各省实际情况制定了针对性的贫困退出目标任务和年度计划；第二，贫困退出大多是以人均收入水平作为衡量和评价的核心指标，并依次按照县乡村户逐级分解指标和任务；第三，大多省份都以既定时间节点为基准，制定了分阶段、分步骤逐渐实现脱贫摘帽退出；第四，大多数以激发贫困对象的主动性为原则，形成倒逼机制，采取“摘帽不摘政策”的退出制度；第五，采取了以适度奖惩为补充，比较重视采取进退结合和奖惩结合；第六，以创新和科学为指导，不断创新工作方式，科学高效推进减贫工作。但不同省份和区域也存在明显的不同之处和差异性，表现在：第一，贫困退出机制不同省市县之间的推进速度和退出的程度有所不同。第二，贫困退出机制各个省市县之间退出标准不尽相同。第三，贫困退出机制实施思路和内容有所差异。但在调研中也发现在贫困退出中存在以下问题和矛盾：第一，现行贫困退出中仍然会难免出现因为更加注重政治任务，而出现一些为了

完成退出任务不顾成本和代价的行为和现象。第二，目前我国贫困退出机制尚未形成全国统一的制度体系框架，在缺乏指导下的退出机制往往带有区域特色和特殊性，也会出现一些问题和矛盾。第三，贫困县、贫困乡镇和贫困村及贫困户的分类退出标准尚未确定，还有待进行研究和探索。第四，贫困县退出与贫困村和贫困户退出等相互之间关系和退出的程序步骤等有序化制度体系有待完善。第五，贫困退出机制具体实施细则与保障机制不完善。第六，关键的一个方面还是目前由于贫困标准和脱贫标准相对于贫困人口的消费来说是一个低水平的标准，因此，经济新常态下的经济增长不稳定，带来了脱贫不稳定性较强，脱贫可持续性较差的不利影响。

三、贫困有序性和精准性退出的展望

根据2000年到2010年上一轮扶贫脱贫周期性变化规律，结合新阶段2010年到2015年扶贫脱贫新情况、未来发展趋势，我们初步预计到2020年，我国贫困退出的中体趋势应该是：贫困村预计到2017年左右完成2/3的出列，剩下的1/3在2020年之前消化完成；贫困乡（镇）预计到2017年左右完成60%—80%的退出，其余乡（镇）在后三年予以消化完成；到2020年时，我国重点县的贫困发生率预测为2%左右，实现全部退出。总结贫困退出的规律可以发现：我国贫困地区人均可支配收入不断提高，贫困退出可能会在2018—2019年完成，对于出现部分返贫现象，应有一定时间重新进行扶贫脱贫，对于已经脱贫贫困县、乡镇和村户则需要一定时间的巩固和稳定。

四、贫困退出机制构建中需要重点考虑因素和内容

我们认为贫困退出机制建立需要在建立贫困退出的动力机制、补偿机制和风险防范机制和第三方评估机制基础上，在注重以扶贫脱贫成效、收入和生活水平、健康水平以及公共服务均等化等为主要和总体目标和任务条件下，分别制定贫困县、贫困乡镇、贫困村和贫困户的退出指标体系标准，这个标准应该可考虑以下因素：第一，建立一套以收入和贫困程度指标为基础的、权重设置合理、数据来源可靠的指标体系，主要考核扶贫工作改革。第二，建立一套逐级、分类分项退出考核指标，贫困县的摘帽或退出关系到县以下的乡镇、村级单位，考虑对相对应的贫困村、贫困户进行逐级指标的设定。第三，建立一套反映县域贫困状况、经济社会发展水平和扶贫开发成效的动态监测评估体系，

通过动态调整重点县名单，保障国家扶贫资源投向最需要的地方。在制定明确和透明的退出条件和程序的基础上，利用动态监测评估体系对现有重点县排序，发展水平最高的先退出，同时通过改革，从机制上弱化重点县在扶贫资源分配中的作用，更多瞄准贫困村，从而减少退出阻力。第四，建立一套退出与激励有效结合的机制，实现贫困县退出的同时确保贫困户得到实惠。在借鉴和吸收联合国人类发展指数（Human Development Index，HDI）、经济合作与发展组织（OECD））绿色增长测度指标体系、牛津大学贫困与人类发展研究中心（OPHI））多维贫困指数以及我国贫困户建档立卡的内容，并结合我国贫困地区的实际现状，有专家提出了贫困退出 4 个向度，即贫困基础向度、产业发展和经济发展向度、人文社会发展向度和生存环境向度等等，不管如何，贫困退出机制的指标体系构建是贫困退出机制的重要内容，需要加以认真研究和探索。

五、提早制定和谋划贫困退出后政策研究取向

贫困县、重点县、贫困村和贫困户是反映一个阶段扶贫脱贫政策的历史缩影，贫困退出，但并不表明永远就消除了贫困，贫困永远都存在，减贫是永恒的主题。即使发达国家同样也存在贫困问题，只是不同国家贫困差异和程度有所不同罢了，随着我国全面建成小康的临近，贫困村和贫困人口也将逐步退出和减少，但贫困问题依然是我国需要重视的问题，需要提早制动和谋划。这些问题可以归纳为：（一）我国贫困退出仅仅是在现有的贫困标准下的处于低水平脱贫标准。与世界银行 2015 年 10 月最新修订贫困线标准 1 人 1 天 1.9 美元相比，我国贫困标准还较低。（二）贫困退出具有不稳定性和脆弱性，需要警惕返贫现象。目前的贫困退出是在密集的政策优惠、超常规政策力度下，举全国之力、众志成城实现的，继而现阶段的贫困退出具有很大的不稳定性和脆弱性，相当一部分的贫困退出群体极易返贫。第一，对于摘帽的贫困县仍然需要予以政策上的倾斜和扶持，以保证它们的后续发展能力，但是在具体的政策优惠中可以有重点、分步骤的予以支持，不能与之前的政策完全一样。第二，加大对脆弱群体和潜在贫困群体的关注，进一步发挥开发式扶贫的“造血”功能，注重贫困群体的个体和整体的能力提升。（三）贫困退出只是消除了绝对贫困，下一步工作重心需要转移到相对贫困。在全面消除绝对贫困后，工作重心应该转移到相对贫困问题。相对贫困较难通过市场机制解决，政府有责任在财富的二次分配中调整社会财富的分布状况，改变初次分配形成的不利格局。（四）贫困

退出只是主要解决了农村贫困问题，下一步可考虑将关注重点转移到城乡贫困一起来解决。要将充分考虑城乡贫困问题的严峻性和迫切性，从综合角度和多元维度，为解决城乡贫困问题提供思路和建议。（五）贫困退出后需要重视贫困地区和贫困群体发展能力的可持续性发展。伴随我国国民经济创新发展、协调发展、绿色发展、开放发展、共享发展的新理念，贫困地区和贫困群体的发展将会更加注重自身能力的提升，更加重视发展的可持续性。

2016年国内外减贫热点专题评论

充分发挥新时期中国扶贫脱贫的多重效能

（2016 年 1 月国内外减贫热点专题评论）

党和国家高度重视扶贫脱贫工作，将扶贫脱贫定位到“事关全面建成小康社会、增进人民福祉、巩固党的执政基础、国家长治久安和我国国际形象”高度，超过了历史任何时期，事实上，新时期尤其是在当前，无论怎样强调扶贫脱贫的重要作用，我们认为都不为过，一方面新中国成立近 70 年来，从“人民当家做主，翻身得解放”到“共同富裕”再到全面建成小康社会目标的尽快实现，这是党的历史责任和担当。另一方面，扶贫脱贫也是中国推动人类文明进步和社会发展的重要贡献。与此同时，扶贫脱贫也是新时期中国社会经济发展的重要支撑和推动力，不仅反映在它是当前社会经济发展的战略重点之一，也是拉动经济发展即去产能、去库存、降成本、调结构，促发展和保民生的重要内容，可谓多重效能于一身，而现实责任更重大。

一、扶贫脱贫是“十三五”时期我国发展的战略重点任务之一

中共中央总书记习近平在 1 月 29 日刚刚召开的中共中央政治局第三十次集体学习中，提出了要准确把握“十三五”时期我国发展的战略重点，通过抓好发展战略重点带动发展全局，要从五位一体总体布局、“四个全面”战略布局、新发展理念、五大支柱性政策、补短板、防风险来把握发展战略重点。他特别强调了“经济社会发展中的短板特别是主要短板，是影响如期实现全面建成小康社会目标的主要因素，必须尽快把这些短板补齐。脱贫开发工作是我们的一个突出短板，要举全国之力抓好，确保到 2020 年农村贫困人口全部脱贫”。各地区各部门各单位各方面都要在深入调查研究的基础上明确自己工作方面的短板是什么，以扎实的思路、举措尽快把短板补齐。应当说，这是继党的十八届五中全会《关于制定国民经济和社会发展第十三个五年规划建议》提出了实施

脱贫攻坚工程，随后中共中央、国务院《关于打赢脱贫攻坚战的决定》提出了“举全党全社会之力，坚决打赢脱贫攻坚战”中提出“要确保政府扶贫投资力度与脱贫攻坚任务相适应”之后，进一步强调扶贫脱贫“补短板”的重要性和迫切性，提出“各级党委和政府要增强责任感和自觉性，做到“守土有责、主动负责、敢于担当”。

因此，各级党和政府如何落实和部署“确保政府扶贫投资力度与脱贫攻坚任务相适应”的规定，是准确把握“十三五”时期我国发展的战略重点的核心和首要任务。

二、扶贫脱贫的多重效能有待进一步扩大释放

中共中央、国务院《关于打赢脱贫攻坚战的决定》中提出了“扶贫脱贫不仅事关全面建成小康社会，事关人民福祉、事关巩固党的执政基础、国家长治久安和国际形象”，但对“扶贫脱贫也是经济新常态下扩大国内需求、促进经济增长的重要途径”很多人却未给予足够重视，甚至很不在乎，认为扶贫脱贫仅仅是一个政府扶持和简单救济过程，不会也不可能能够对经济增长尤其是新常态下扩大国内需求和促进经济增长的重要途径。但我们认为，事实正好相反，扶贫脱贫即当前实施的脱贫攻坚战将会成为拉动消费和扩大内需和促进经济增长的重要潜在动力，它不仅有“补短板、惠民生”之内在功能，还有“去产能、去库存、降成本”之效能，对扩大内需促进经济增长。事实上，贫困地区的扶贫脱贫效能已经在 2013 年和 2014 年得到了显现，通过对 14 个集中连片特殊困难地区扶贫脱贫监测发现，一方面是片区减贫效果明显快于全国。数据显示，2014 年和 2013 年全国 14 个连片特困地区减贫幅度分别为 15% 和 18.3%，分别比全国当年降幅 15.1% 和 16.7% 高出 0.2 个百分点和 1.6 个百分点。另一方面，片区农民人均纯收入增长率明显快于全国。2014 年和 2013 年全国 14 个连片特困地区农村居民人均纯收入增长分别为 12.9% 和 15.4%。高于全国农村 1.7 个百分点和 3 个百分点。除了减贫效能之外，扶贫脱贫的另外一个重要作用就是拉动内需，这是未来“十三五”期间新常态下推动经济增长的最重要潜在能力所在。我们知道，仅仅就政府进行贫困地区危房改造和实施易地搬迁投资来看，伴随危房改造和实施易地搬迁扶贫的投资过程，将必然会带来对钢材、水泥和建材等生产资料需求相应增加，这在一定程度上化解和减少目前国内钢材和水泥等建材行业产能过剩的局面，起到了“去库存、去产能”的

目的。另一方面，也会扩大对生活资料的需求，并通过实施此两项工程带动当地人口就业，提升贫困地区收入水平、增强购买力，最终达到拉动内需和实现经济增长的目的。反过来，若从供给侧角度来看，危房改造和易地搬迁投资，将会给贫困地区和贫困人口改造高质量房屋及通过易地搬迁提供宜居环境和条件，应保证建设高质量的房屋和配套的基础设施，同时为搬迁人口在新地区就业和生活提供切实保障，正基于此，通过完善供给侧最终实现贫困地区经济增长的目标。如果我们以易地搬迁投资6000亿元（假如2000亿元到户，4000亿元用于基础设施和公共服务建设）。第一，直接拉动效应之一：产能消化作用。我们按照一般消耗标准粗略推算，那么水泥产能预计可消化2.6亿吨。钢铁产能预计可消化469.1万吨。玻璃产能预计可消化78.1万吨。石料产能预计可消化9.1亿吨。细砂产能预计可消化0.13亿吨。砖块使用量达1250亿块，合2.5亿吨。第二，直接拉动效应之二：扩大就业与收入作用。经测算，易地搬迁用工量1.3亿个，可创造31.3万个工作机会。在收入方面，通过易地搬迁创造的收入保守估计可达225亿元。第三，间接拉动效应：拉动个人消费作用。经参考有关专家已有研究成果，并剔除经济波动的影响，贫困地区吃穿用、居住和交通通讯三个主要方面的边际消费倾向分别为0.42、0.17和0.16。亦即贫困地区居民将收入的42%用于购买吃穿用物品，含食品、衣着、家电设备等；17%用于消费与居住相关的产品，含住房维修、水电、燃料等；16%用于购买交通通讯设备，含交通、通讯工具等购置和维修。依此推算拉动个人消费200多亿元以上。第四，综合拉动经济乘数效应。经参考有关专家研究成果，剔除经济波动影响后，测算得到短期政府支出乘数为1.57，即短期内将带动经济扩张乘数1.57倍，长期政府支出乘数为2.33，即长期内将带动经济扩张乘数2.33倍。按照易地搬迁6000亿计，则短期和长期拉动经济应该在9420多亿元和13980亿元效应。这仅仅是易地搬迁扶贫一项对扩大内需和促进经济增长的粗略推算，不一定完全准确，但从一个侧面反映了扶贫脱贫攻坚工程的巨大效能和作用。假如加上危房改造工程、交通及基础设施和公共服务建设等扶贫工程建设等，那么对于去产能、去库存的作用就会更大。对于扩大内需和促进经济增长将会是一个非常巨大的力量，决不可忽视。

三、“确保政府扶贫投资力度与脱贫攻坚任务相适应”全面落实

加大扶贫脱贫投资既是准确把握和落实“十三五”时期我国发展的战略

重点一项迫切任务，国家和各级政府给予了高度重视，这是理所当然的，是大势所趋。与此同时，加大扶贫脱贫投资也是经济新常态下扩大国内需求、促进经济增长的重要途径。事实证明，农村地区和贫困地区是推动经济增长和扩大内需的最大潜力所在。中国经济增长的薄弱环节是农村，最大差距在农村。中国经济增长潜力的最大短板在贫困地区，最大的差距是贫困地区和贫困人口。产能过剩是一种总量过剩、结构过剩和区域过剩，需求不足是一种结构性不足和区域性不足，加大贫困地区的投资也即加大扶贫脱贫投资力度，既是实现区域均衡发展和全面建成小康社会的政治需要必要保证，也是经济均衡发展的必然过程和结果，同时更是新时期“去产能、去库存”和“促增长、保民生、降风险”的最佳选择。经济新常态下，正是经济换档、结构调整、区域均衡之时，也是权利均衡、服务均等和创新动力要素转换的最佳之际，更是重建新时期扶贫脱贫治理体系“补短板”“雪中送炭”的良机，“确保政府扶贫投资力度与脱贫攻坚任务相适应”，就是要将扶贫脱贫需求和有效需求得以完全满足。因此，建议：第一，全面准确地把握和了解贫困地区的不同需求，通过建档立卡贫困户、贫困村和贫困乡镇的需求调研分析。第二，根据贫困户、村、乡镇和贫困县的需求制定扶贫脱贫的措施、项目、方式和具体行动方案和规划。第三，国家应根据贫困地区的扶贫脱贫行动统筹协调财政投资和制定金融政策，确保政府投资力度与脱贫攻坚任务相适应、相匹配和相一致。即及时加大扶贫脱贫的投资规模和力度，弥补扶贫脱贫的资金缺口。第四，将扶贫规划与国家、部委、省市县的“十三五”规划多层次对接是关键，而连接这一关键的资金分配管理和项目及行动实施，为此，需要进行全面的顶层设计，并配之于通过采取提升国家扶贫管理级别等组织保障强化扶贫脱贫协调力度也是一项可以考虑的措施之一，有专家提出将国务院扶贫办转为中央扶贫办或者国务院扶贫开发署，也是一个可以接受和考虑的意见。第五，要强化精准扶贫的全面落实，尤其是“项目精准、资金精准、措施精准、帮扶精准、脱贫精准”在脱贫攻坚战中的全面落实。

教育脱贫与2020年脱贫目标的实现

（2016年2月国内外减贫热点专题评论）

“十三五”是全面建成小康社会战略目标的决胜阶段，确保到2020年农村贫困人口实现脱贫，是全面建成小康社会最艰巨的任务。打赢脱贫攻坚战“事关全面建成小康社会、增进人民福祉、巩固党的执政基础、国家长治久安和我国国际形象”。不难看出，全面建成小康社会，扶贫脱贫必须先行。而要扶贫脱贫，教育脱贫担负着重要而特殊的历史使命，百年大业，教育为本；而扶贫脱贫中，教育脱贫必须先行必须优先。

第一，“扶贫必扶智，让贫困地区的孩子们接受良好的教育，是扶贫开发的重要任务，也是阻断贫困代际传递的重要途径”，这是2015年9月9日习近平总书记给国培计划（2014）北京师范大学贵州研修班教师的回信内容。教育扶贫是阻断贫困代际传递的根本性途径，是贫困地区摆脱贫困的治本之策，离开教育扶贫，精准扶贫、可持续发展即是一句空话。已有研究结果显示，在影响代际传递的教育、健康和迁移三类指标中，教育正相关性较健康、迁移来说更为显著，对贫困“代际传递”更强。在人力资本影响贫困代际传递的具体路径当中，教育的贡献最大、健康次之、迁移最末，且教育贡献随时间而增大。有专家研究表明，通过对1993年—2011年7次调研，中国农村贫困群体代际收入传递路径中教育贡献率为0.072—0.165，健康的贡献率为0.005—0.032，迁移的贡献率为0.000016—0.000330。

第二，教育脱贫更加注重“造血”能力和内生动力培育的可持续性扶贫脱贫，是最具生命力的减贫方式。贫困不仅仅是表象性的收入贫困，更多还是贫困家庭的内在能力的贫困及内生动力缺失和不足。表象性的收入贫困改变是可在短期内通过资本集中投入和救济实施等“输血”方式快速实现，但不可避免地带来可持续性差，也可能产生未来返贫隐患和强烈对外依赖性（惰性心理和惰性行为泛滥）后遗症。克服这一弊端的唯一出路就是通过消除和减少能力贫困，加强贫困家庭内生动力即“造血”能力培育，其根本措施就是教育扶贫脱贫。

第三，教育脱贫工程的效果已显现，并获得贫困地区群众最佳好评。专家对全国14个集中连片特困地区的行业政策问卷调查结果显示，教育扶贫脱贫工程和政策在行业政策满意度中排名第一。有关专家已有研究结果表明，在14个集中连片特殊困难地区的各项政策效果综合测定中，教育的减贫效应最明显（九年义务教育巩固率提升一个百分点，片区贫困人口减少182人）。

第四，教育扶贫方式值得广泛推广。教育扶贫经验主要体现在：其一，出台了较为全面的支持政策。教育部门就有关贫困地区教育行业发展出台了《农村义务教育学生营养改善计划实施细则》、《关于实施面向贫困地区定向招生专项计划的通知》、《关于做好2012年农村义务教育阶段学校教师特设岗位计划有关实施工作的通知》、《关于做好直属高校定点扶贫工作的意见》、《关于扩大中等职业教育免学费政策范围、进一步完善国家助学金制度的意见》等20项针对贫困地区的教育扶贫政策和行动。这些政策性文件，基本涵盖了贫困人口教育生涯各个阶段，制定了全方位普惠式优惠政策。其二，制定了合理可行的实施方案。不仅出台了覆盖面较广的支持政策，同时也就具体的支持政策建立了相关配套制度和实施细则。其三，能够将宏观政策和规划转化为具体项目以及资金投入。教育扶贫支持政策大多能够转变为具体项目和资金投入，能够通过项目实施、资金投入推动具体政策、规划的落实，避免了只停留在政策、规划层面的弊端，体现了“真扶贫”和“扶贫真”的决策。

第五，教育扶贫效率将使扶贫脱贫效率大大提升。教育脱贫不仅仅贫困人口的暂时脱贫，更重要的是通过教育提升贫困人口的文化知识、技术技能和就业发展等综合能力提升，这种提升才是脱贫并走向小康社会的根本保障，才是阻断贫困代际传递的最有效办法。因此，在脱贫工程中教育脱贫工程起着极其重要的作用，各地必须高度重视，无论是资金还是项目的保障方面，都应给予优先和倾斜。

扶贫脱贫是体现“十三五”规划建议“补短板”思想的最为迫切的任务，而贫困地区“补教育短板”就是要努力改变和摆脱“短中最短”的局面，增强教育脱贫责任感，做到“守土有责、主动负责、敢于担当”，时不我待。

绿色减贫：从理念创新到中国行动
——再论“绿色减贫”
（2016 年 3 月国内外减贫热点专题评论）

联合国 2015 年千年发展目标基本完成，新的 2030 年可持续发展议程已全面确定，绿色发展和减贫作为实现可持续发展目标的前提和路径，不仅仍然是国际社会持续性的目标，而且也是世界各国关注的首要任务。中国是全球最早实现千年发展目标的发展中国家，是制定和推动 2030 年联合国可持续发展目标、坚持减贫和绿色发展的主要推动者和倡导者，也是积极推动 2015 年联合国气候大国达成最终协议的主要贡献者之一。而更具有历史性意义的是，中国在 2015 年提出包括绿色发展和共享发展理念在内的“五大发展理念”，并将农村贫困人口脱贫确定为全面建成小康社会最艰巨的任务，确立并制定了打赢脱贫攻坚战的全面部署，将绿色生态脱贫确定为五大脱贫路径之一。决定中指出的结合生态保护脱贫主要内容包括：国家实施的退耕还林还草、天然林保护、防护林建设、石漠化治理、防沙治沙、湿地保护与恢复、坡耕地综合整治、退牧还草、水生态治理等重大生态工程，在项目和资金安排上进一步向贫困地区倾斜，提高贫困人口参与度和受益水平。加大贫困地区生态保护修复力度，增加重点生态功能区转移支付。结合建立国家公园体制，创新生态资金使用方式，利用生态补偿和生态保护工程资金使当地有劳动能力的部分贫困人口转为护林员等生态保护人员。合理调整贫困地区基本农田保有指标，加大贫困地区新一轮退耕还林还草力度。开展贫困地区生态综合补偿试点，健全公益林补偿标准动态调整机制，完善草原生态保护补助奖励政策，推动地区间建立横向生态补偿制度。伴随扶贫脱贫战略定位的历史性提升，我国对扶贫脱贫的支持力度不断加大。绿色发展和共享发展二者的融合推进，目的就是积极推进绿色与减贫无缝对接，贫困地区走绿色减贫、生态减贫创新之路，进而构筑中国绿色减贫新经验和新典范。不难看出，中国绿色发展理念和行动战略已经确定无疑，实现绿色减贫脱贫的前提更加牢固、目标更加明确。绿色减贫已经成为新时期中国发展战略的重要内容之一。从理念创新到实施行动，绿色减贫工作承负了未来中国扶贫脱贫的新历史责任和使命。

一、绿色减贫：可持续性强的扶贫脱贫新方式

绿色减贫的本质就是以生态保护为出发点来进行减贫的新战略，很显然，这打破了传统扶贫模式并形成了新的可持续扶贫脱贫内在机理。

绿色减贫动力机制新转化。贫困地区人口大多受教育程度低，生存技能较落后，自身减贫能力弱，主要依靠政府的单项扶持。然而绿色减贫的实施，实现了发展方式从外源向内源的根本转变，构建出新的绿色扶贫动力机制。从宏观层面看，国家从绿色发展角度出发，利用当地自然资源，建立相应的绿色扶贫项目，通过培训贫困人口专业技术，拓宽其就业渠道和收入来源，从而提升贫困地区的内生动力。从微观层面分析，贫困人口从被动的接受式扶持变为主动的积极减贫。

绿色减贫开辟了扶贫脱贫的新路径。绿色扶贫战略因地制宜，结合地区的发展特点，提出不同的扶贫模式。对于自然条件较差的贫困地区，实施生态搬迁等包容性的减贫路径；对于生态条件较好的地区，改变以前大力开发的扶贫模式，转化为以保护利用为主的长效扶贫路径，如建设生态观光景区等旅游产业；对于生态条件多样性的地区，既有自然环境较好的区域，也存在生态破坏较严重的区域时，采取针对性的绿色减贫措施，对生态薄弱区加大管制保护力度，对自然条件较好的区域又要采取适当利用的减贫方式。

绿色减贫是可持续性最强的共享发展模式。首先，绿色减贫的本质就体现共享理念。绿色减贫是以绿色发展理念即可持续发展为目标的减贫过程，强调在扶贫脱贫的同时注重保护生态环境和生态发展，我们知道，生态环境和生态发展不是个体单独所能决定的，需要依靠自然生产力和生态体系循环来实现，是自然与自然、人与自然共享的可持续体系，而这种正是共享发展理念的本质要求。其次，绿色减贫的模式共享。绿色减贫是以多维贫困为依据，以综合减贫成效为标准的多维减贫，其发展模式也综合考虑经济、健康、环境等多方面因素，根据不同地区贫困状况采取针对性的扶贫开发措施，如旅游扶贫、生态

扶贫和光伏扶贫等，都是有效借助于当地自然条件而开发的长效减贫模式，对其他地区同样有参考共享的价值。再次，绿色减贫的成效共享。绿色减贫的最大意义在于其产生的减贫效应不仅体现在收入的提高，同时还体现在环境、生态、文化等综合效应上。因此，效应影响范围更广，不仅局限在贫困地区，对于非贫困地区同样产生影响，如依靠自然环境开发的旅游扶贫，不仅使贫困人口依靠旅游产业增加收入，也进一步能增强当地政府对于环境和生态保护的积极性，同时，也让周边非贫困地区的人口能体验到良好的生态环境，真正达到了成效人人共享。最后，绿色扶贫实现了经济目标、社会目标和生态目标的统一。以在旅游扶贫为例，旅游扶贫中，必须协调好旅游经济系统和旅游景区生态系统之间的关系，在获得经济效益同时不破坏旅游资源生态系统，从而达到可持续利用目的，实现三个目标统一：第一，可以为游客提供高质量的旅游体验；第二，发展过程中贫困地区独特的生态环境不受到严重污染和破坏；第三，贫困人口的生活质量不断提高，扶贫减贫效果广泛惠及到贫困人群。

二、绿色减贫：中国推进精准扶贫方略的最有效方式

精准扶贫是新时期脱贫攻坚的基本方略，是提高扶贫资源有效配置效果的有力措施。绿色减贫是通过与自然生态环境体系和自然生产力紧密相融，将自然资源、经济资源和社会资源寓于绿色发展体系循环之中，并以此提高资源配置效率，进而获得经济效益、社会效益和生态效益的全面提升，达到改善和提高贫困家庭收入生活水平，摆脱贫困。绿色减贫的扶贫目标、扶贫原则、扶贫任务和扶贫措施上与精准扶贫一致的，绿色减贫是精准扶贫最有效的实现方式，绿色减贫有利于提高精准扶贫的科学性和完整性，有利于精准脱贫的有序性和持久性效果实现，有利于实现精准扶贫精准脱贫与区域经济发展的有机结合，有利于精准扶贫精准脱贫的新目标的转换和提升。可以说，绿色减贫是最有生命力和最具可持续性的精准扶贫。

（一）绿色减贫有效提高了精准扶贫和精准脱贫的科学性和完整性

我们认为，精准扶贫通过一定方式将低于贫困线的家庭和人口识别出来，同时找准导致这些家庭或人口贫困的关键性因素，它是精准扶贫的基础。而绿色减贫的提出为精准识别提供更为全面科学和完整的识别依据和基础，打破仅依靠收入的贫困识别标准，增加资源与环境保护的绿色发展维度，符合了多维扶贫的宗旨和要求，使精准扶贫内涵更具科学性。与此同时，绿色减贫为确定

精准脱贫路径科学性提供了基础。绿色减贫的前提就是坚持“一方水土，养一方人”原则，在确定精准扶贫和精准脱贫路径时要充分考虑贫困地区资源环境承载力大小，通过对环境承载力标准，来确定脱贫方式和扶贫方式，对于“一方水土无法养一方人”的地区，则采取生态移民搬迁扶贫方式，否则，采取其他扶贫方式，都无法最终达到脱贫目的。

（二）绿色减贫是精准脱贫有序性和持久性效果实现的可靠保障

实践证明，仅仅以收入水平提升为目标的扶贫脱贫方式和帮扶措施，往往会在短时间内提升收入水平，却很容易导致返贫现象，当然返贫的原因很多，但是其中一个重要原因就是脱贫家庭的生计能力和发展能力尚未完全培养起来，扶贫产业或扶贫项目包括其他扶贫措施等缺乏持久性，从而导致了返贫率高，精准扶贫脱贫的效率就会下降。依靠绿色减贫的理念确定并实施的特色差异性扶贫脱贫路径，从开始就注重区域经济、社会和自然共生性，剔除了单一的保护环境或单一减贫目的，而是综合了贫困地区的整体产业发展和资源环境体系，在扶贫模式上也考虑了绿色经济方法，产业发展可持续性和就业稳定性，从而保证了收入的稳定性和可持续性。也就是说，绿色减贫的融入，精准扶贫项目同时兼顾绿色和发展，扶贫与生态并重，短期和长期效益相统一，可见，绿色减贫绿色脱贫潜能的持续性程度，就决定了精准扶贫精准脱贫的可持续性程度。

（三）绿色减贫为构建精准扶贫考核机制和贫困退出机制提供依据和参考

完整的扶贫考核机制是实施精准扶贫必不可少的制度保障，精准考核是检验精准扶贫成效的重要因素。绿色减贫的融入为精准扶贫考核和退出机制提供依据和参考。首先，绿色减贫提高精准考核的准确度。绿色发展作为扶贫成效的多维标准之一，衡量一个地区减贫成效不仅体现在收入水平的提升，同样体现在健康、生活和环境等其他维度的完成情况，若一味以破坏当地环境来提升收入，减贫成效必然会受到负向影响。结合绿色减贫可以使精准考核从环境保护、资源利用率、能源节约程度等方面对贫困地区的减贫成效进行评价，拓宽了精准考核的范围，提升了精准考核的准确度和可信度；其次，绿色减贫进一步完善了扶贫退出机制。绿色减贫从绿色发展角度为退出机制提供了新的参考标准，从区域的环境承载力和生态保护程度等方面对贫困县、贫困户进行减贫评估，只有满足经济、医疗、教育、环境等多方面条件的地区才可以达到退出标准，脱贫一户、销号一户，提高退出机制的准确度，使真正脱贫并且有能力继续支撑未来发展的地区退出来，用长远、发展的理念完善退出机制、提升退出效率。

（四）绿色减贫有利于实现精准扶贫精准脱贫与区域经济发展的有机结合

精准扶贫精准脱贫的精髓是“真扶贫”“扶贫真”，主要体现在对象精准、项目精准、资金精准、帮扶措施精准、脱贫效果精准和考核精准“六个精准”上。绿色减贫是在精准扶贫精准脱贫前提和基础下的精准绿色扶贫方式、精准的绿色扶贫措施、精准的绿色项目、精准的绿色考核内容等。但这绝不是就否定区域经济发展、否认贫困乡镇村集体经济、贫困乡镇的产业发展等，绿色的精准扶贫应该是农户经济、村经济和乡镇经济的全面融合和同步发展，绿色减贫则在强调到村到户扶贫脱贫的同时，更加注重区域经济整体性脱贫，也就是区域性整体贫困的减贫产业和经济的培育发展。无论是旅游经济、特色产业经济或者是传统文化景观经济、乡村集体经济等等，都是以不丢掉一个“贫困”户为前提，绿色减贫所构建的绿色扶贫产业、绿色扶贫项目、绿色扶贫经济等都是“一个贫困户不能少”为前提，绿色扶贫体现精准扶贫与区域经济之间有机结合最佳方式和最有效路径。绿色减贫就是益贫性的经济发展表现形式，是共享发展的表现形式，是一种特色的包容性经济发展表现形式。

（五）绿色减贫为 2020 年后中国减贫指明了新方向和新重点

到 2020 年，我国将在现有标准下，实现农村贫困地区脱贫，贫困县全部摘帽，解决区域性整体贫困问题，即在我国全面建成小康社会时间点上的贫困问题基本解决。很显然，一方面，这种脱贫是在现有标准即 2010 年 2300 元（不变价格）下的脱贫，也就是说初步完成了消除绝对贫困的问题，这是一项历史性功绩，也预示着中国小康社会基本实现。另一方面，我们也不可否认我们的脱贫还是一种低标准下脱贫，与 2015 年世界银行提出的每天 1.9 美元新贫困标准比较，还有一定距离。事实上，绝对贫困问题基本解决，并不意味着贫困完全消除，当然，消除相对贫困是不可能的，贫困永远存在，无论发展到什么阶段，贫困问题始终是人类面临的任务和挑战，中国的减贫之路也不会终结。这就意味着到 2020 年后，我国扶贫脱贫的目标和任务将会转换到相对贫困问题，或者说低收入群体。绿色减贫理念的融入为未来我国实现精准扶贫之后的减贫道路提供一个宏观性的方向和指导。从联合国 2030 年可持续发展议程可以看出，经济与环境协同促进的可持续发展模式是全人类共同的发展之路，在未来的减贫道路中，不仅脱离不了绿色发展，而且绿色发展理念将会越来越重要。

随着绝对贫困的逐渐减少，解决相对贫困在未来减贫中将是主要面临的任务，生态环境的保护对于相对贫困的影响力将会不断增大，绿色减贫将起到一定的指导和参考，绿色减贫将带来绿色福利，从而促进中国减贫之路健康可持续发展。

三、绿色减贫：中国开展国际扶贫合作的重要路径

改革开放以来，中国减少农村贫困人口 7.9 亿，对世界减贫的贡献率超过 70%。中国是全球最早实现千年发展目标中减贫目标的发展中国家。中国扶贫脱贫所探索的大国扶贫经验也为世界所推崇，为全球减贫提供了中国方案和中国成功案例，也为中国倡导的国际扶贫与合作提供了良好机遇和条件，可以看出，未来中国参与国际扶贫合作的前景广阔，绿色减贫合作是重要路径。2015 年 9 月 26 日，习近平主席在联合国发展峰会上发表的《谋共同永续发展做合作共赢伙伴》讲话中承诺“6 个 100”项目支持，未来 5 年中国将对发展中国家提供 100 个减贫项目、100 个农业合作项目、100 个促贸援助项目、100 个生态保护和应对气候变化项目、100 所医院和诊所、100 所学校和职业培训中心等六大方面的项目支持，其中减贫和生态作为两大支持项目，体现了中国在减贫和环境保护上对外合作的新举措。习近平总书记在 2015 年 10 月 17 日的全国“扶贫日”上提出，推进工业、农业、人力资源开发、绿色能源、环保等各领域务实合作，帮助各发展中国家把资源优势转化为发展优势，同样预示着未来中国的绿色减贫之路将会快速推进。

努力探索文化产业扶贫脱贫新路径，助推 2020 年如期脱贫

（2016 年 4 月国内外减贫热点专题评论）

产业扶贫作为开发式扶贫的重要模式在 30 多年来的扶贫开发实践中被广泛应用，而产业化扶贫的关键就是实现了减贫效果可持续性以及贫困地区和贫困人口的生计能力、产业发展能力和文化素质技术能力的全面提升，从而实现了从扶贫脱贫到小康的跨越。但在新形势下，产业扶贫也面临着新挑战和创造新发展的新要求，即实现发展方式的转变，建设生态文明的历史使命等。因此，文化产业作为新时期最具潜力的产业之一，在扶贫脱贫中将发挥特殊且重要的作用，努力探索文化产业的扶贫脱贫新路径，必将成为到 2020 年如期实现脱贫目标的重要选择。

一、文化产业是扶贫脱贫重要途径

伴随社会的快速发展，文化产业在经济社会发展中的地位和作用日益凸显，在一些发达国家，文化产业已成为了国民经济支柱产业，也成为扶贫脱贫的重要路径，作为很多拥有丰富民族文化、生态文化、红色文化等资源优势的贫困地区来讲，如何把握当今文化体制改革契机，迅速提升文化产业主体及集群的高科技含量和文化附加值，提升贫困地区人口素质，推动文化扶贫，使其在解决贫困地区的贫困状况中发挥自己最大的潜力是扶贫工作的当务之急。

一般来说，文化产业具有产业链长、辐射面广、群众参与性强、投资见效快、资金回收周期短等特点，这就决定了其完全可以作为群众增收致富的产业。用文化产业带动扶贫开发，能使得扶贫由变“输血”为“造血”，由短暂的帮扶为长久的支持和推动。

我国很多老少边穷地区，传统文化有着独特的价值，其文化资源极其丰富，要能够将资源培育成文化产业，把贫困地区古老的生活方式、传统工艺音乐以及各个民族精神信仰和习俗、节日与典礼、语言与建筑和人与自然完美和谐相处的景况展示给世人，给乡村旅游、生态旅游注入强大活力。在保护自然与文化的同时，能使更多的农村群众特别是贫困群众参与到文化产业链的发展中来，为农民提供重要收入来源，增加农民的就业岗位，为转化农村富余劳动力找到了新的途径。减少了人口的流失，促进乡村经济的多元化，保护了传统手工艺，增加了农民的收入，带动了贫困地区农民脱贫致富。因此，梳理和挖掘可供作为扶贫项目的文化产业资源类型，探索以文化产业为载体的扶贫项目发展方向，提出实施乡村文化产业扶贫项目的战略措施，制定文化产业扶贫项目实施方案，把地方独特的文化资源变成财富，把文化资源变成文化产业，把独特的文化资源作为一种品牌推向市场，为贫困地区的农民找到一条新的致富方式，是目前文化资源丰富却经济欠发达的地区实现脱贫致富的一条新途径。

二、文化产业扶贫的潜力巨大，需要努力挖掘

事实上，从某种意义上讲，文化产业是社会发展到一定阶段的产物，需要建立在一定的物质基础上。而对于贫困人群而言，物质基础恰恰是他们所欠缺的，这也就是为什么文化产业虽然是21世纪的朝阳产业，但对贫困人群带来的价值和效益却很少的重要原因。从目前情况看，文化产业扶贫作为一种新理念可能会有一定市场，但文化资源价值尤其是用于扶贫脱贫效应看，却很少。但从未来发展看，随着我国综合实力不断增强，贫困地区自然环境改善和文化资源不断开发和挖掘，文化产业扶贫的潜力是很大的，作用也是不可估量的。

当然文化产业扶贫的难度也是很大的。首先，贫困地区传统特色文化要转变成产业还是很不容易的事情。与此同时，文化产业发展起来了，是否能达到扶贫脱贫的效果？也同样很艰难。另外文化产业扶贫脱贫的方式是否符合当地实际和市场需求，也会影响文化产业扶贫的进程和效果。因此，文化产业扶贫前景广阔，但是也面临着很多挑战。第一，发现挖掘和培育贫困地区文化元素并将其培育成产业，推向市场并获得回报，是文化产业扶贫的关键医素。只有走向市场，文化扶贫最终目的才能达到，积极鼓励引导农村贫困地区在市场中进行摸索，才能让贫困农民自食其力，最终能达到脱贫致富的目的。与此同时，要充分利用现代互联网条件，将文化扶贫产业与互联网紧密结合，将文化

扶贫的产品推向更广阔的市场并获得效益。第二，要建立国家扶贫开发与文化资源保护机制。第三，帮助贫困地区建立文化资源的有偿使用机制。第四，构建文化产业与扶贫开发主体利益协调机制。要在历史资源、民族文化、自然遗产、生态等文化要素主体间界定好产权和利益机制，避免和减少利益主体多元化产生的矛盾。第五，要将文化产业扶贫纳入到国家地方“十三五”规划中，合理规划文化产业扶贫规模、区域分布、建设重点、重点工程和政策保障措施。

总而言之，文化产业扶贫是扶贫脱贫的有效方式，是中国特色社会主义扶贫脱贫的重要形式，在推进2020年实现如期脱贫目标任务中发挥越来越大的作用。

社会及民间组织——2020年如期脱贫重要力量

（2016年5月国内外减贫热点专题评论）

为了到2020年“确保我国现行标准下农村贫困人口实现脱贫，贫困县全部摘帽，解决区域性整体贫困”战略目标的实现，《中共中央国务院关于打赢脱贫攻坚战的决定》，提出了“健全社会力量参与机制。包括鼓励支持民营企业、社会组织、个人参与扶贫开发，实现社会帮扶资源和精准扶贫有效对接。引导社会扶贫重心下移，自愿包村包户，做到贫困户都有党员干部或爱心人士结对帮扶。落实企业和个人公益扶贫捐赠所得税税前扣除政策。通过政府购买服务等方式，鼓励各类社会组织开展到村到户精准扶贫。鼓励有条件的企业设立扶贫公益基金和开展扶贫公益信托。实施扶贫志愿者行动计划和社会工作专业人才服务贫困地区计划。着力打造扶贫公益品牌，全面及时公开扶贫捐赠信息，提高社会扶贫公信力和美誉度”等。可以说，充分动员和发挥社会及民间组织参与扶贫脱贫攻坚战，对2020年如期实现脱贫目标任务极其重要。

一、社会及民间组织是扶贫脱贫的一支重要力量

事实上，民间组织参与扶贫脱贫从20世纪80年代就已经开始，例如1985年的南京爱德基金会，开展慈善扶贫、助残助学、慈善医疗等事业。1987年5月，以收养孤儿为对象的天津SOS儿童村落成。1989年3月，我国第一个全国性民间扶贫团体——中国扶贫基金会成立。1994年，中华慈善总会成立，拉开了民间组织扶贫济困的序幕。1990年，深圳市青少年义务工作者联合会成立，标志着我国自愿、无偿为教育、卫生、科技、环保、扶贫等领域提供支持性服务的公益组织正式成立。1994年实施“一助一”与贫困地区、受灾地区结对，提供定时、定点、定人、定项目上门入户服务。1996年，实施青年志愿者扶贫接力计划，到1998年，青年志愿者扶贫接力计划受援的国家级贫困县达200多

个，覆盖了中西部17个省（区、市）。从2000年开始，民间组织数量从2000年的153322个增加到2007年的386916个；2007年的民间组织从业人数是456.8万人，参与扶贫脱贫的内容和对象更加具体，包括贫困地区艾滋病患者、残疾人、流动人口，改善农村教育和农业生产，提高灾害管理水平等方面，并主要是通过提供小额贷款、推广农业技术、改善教育条件等方式应对造成农村贫困的因素，从而为帮助农村贫困人口脱贫致富提供路径选择。志愿服务组织参与农村贫困治理的进程加快，到2010年，累计到中西部19个省（区、市）237个贫困县开展服务。尤其是民间组织和社会组织在"5·12"汶川地震灾后重建中的作用得以充分体现创新发展，一些具有较强综合性、创新性和持续性的农村扶贫项目出现，政府、企业、国内基金会等开始对本土民间组织开放部分资源，加之这一时期新公益、社会企业、农村社会工作等新的理念和方法不断涌入，进一步推动了那些致力于农村扶贫与社区发展的本土公益组织的创新和发展。据不完全统计，截至2014年底，我国民间组织达60.6万个，从业人数达682.3万人（数据来源：国家统计局）从2000年至2014年新增民间组织个数45.3万个，平均每年新增3万多个。职工人数从2006年的425.2万人增加至2014年的682.2万人，增加了257.1万人，平均每年增加28.6万人，平均每年增幅为6.2%；女性职工人数从2006年的106.3万人增加到2014年的200.4万人，平均每年增加10.5万人，平均增幅为8.5%。其中有很大一部分人员主要就是从事和参与扶贫脱贫以及慈善事业。

二、社会及民间组织在参与扶贫脱贫中具有独特作用和优势

社会及民间组织在参与扶贫脱贫中的作用明显，也越来越受到贫困地区的欢迎。其关键就是社会和民间组织参与扶贫过程中，有其独特的优势和实践中探索的经验和创新做法。第一，社会和民间组织的扶贫脱贫补充和辅助作用明显。我国创造了政府主导的开发式扶贫成功经验，在解决区域性整体性贫困问题方面作用相当明显，这一点是不容置疑的，但是在解决个体性、分散性和差异性贫困问题以及在实施扶贫脱贫的最后一公里、项目和能力维护等方面，社会和民间组织能起到一种补充和辅助作用。例如，"5·12"汶川地震灾后心理救助、妇女儿童和老人等的看护和心理援助等，即是社会组织和民间组织的优势和强项，在这方面其能起到独特性的作用。第二，机制灵活成本小，项目投入绩效高。政府主导的扶贫其优势在于人力、物力和财力方面积聚资源，但

是在传递环节不能精确到达扶贫对象，投入多而效益小，而公益组织优势在于机制灵活，运行成本小。有实证研究表明，贫困人口的受益程度与民间组织对扶贫项目的投入之间呈指数关系，并且民间组织在生存相关类项目扶贫上绩效较高。第三，扶助对象和扶贫产品精准化。从民间组织参与农村贫困治理的历程可见，其扶助对象瞄准性强，有特定的群体指向，这也是提升扶贫效率的保证。扶贫产品则以项目的形式落地，一方面，将有用信息和技术技能传授给受益人，提高贫困人口的参与度；另一方面，则以小额信贷等扶贫项目引导建立起有约束功能的信用链及其关系制度，从社会资本和生产制度改变贫困人口的生活状态。第四，积极参与国际交流与合作。从扶贫资源方面看，我国数以几十万计的国内外公益组织，每年从海内外募集到的资金为50亿—70亿元，补充了政府扶贫的财力资源。从国际经验尤其是发展中国家的经验来看，民间组织在反贫困斗争中具有不可替代的功能。实践证明，民间组织能够动员政府无法动员的本土资源和海外资源，能够通过竞争、创新、示范来促进扶贫资源使用效率的提高。第五，以专业机构形式开展贫困治理及自身能力塑造方面取得较大进步。作为政府、企业和发达地区对贫困地区救助、支援的中介机构和专业机构，一方面，更多动员社会资金用于消除贫困的活动；另一方面，通过实际操作各种项目，确保善款、善资能够落实到消除贫困的各项活动中去。此外，民间组织的工作人员在项目开展过程中逐步积累经验、知识和技能，成为各个扶贫领域的专家，更直接、有效地针对贫困地区具体问题开展针对性扶贫活动。

三、社会和民间组织在未来扶贫脱贫中的潜力巨大

我国扶贫开发已进入啃硬骨头、攻坚拔寨的冲刺期，国家已将扶贫脱贫列入到了优先的位置，提出了“消除贫困、改善民生、逐步实现共同富裕，是社会主义的本质要求，是我们党的重要使命。扶贫开发事关全面建成小康社会，事关人民福祉，事关巩固党的执政基础，事关国家长治久安，事关我国国际形象。打赢脱贫攻坚战，是促进全体人民共享改革发展成果、实现共同富裕的重大举措，是体现中国特色社会主义制度优越性的重要标志，也是经济发展新常态下扩大国内需求、促进经济增长的重要途径”的历史性定位，国家鼓励支持社会和民间组织参与扶贫脱贫的各项制度也在不断完善和规范化，各种社会和民间组织参与扶贫脱贫的平台建设速度不断加快，效率不断提高。与此同时，

随着我国整体实力增加，社会主义核心价值观和企业社会责任理念的不断深入人心，个人和民间组织在服务社会、服务公益的责任推进需求也正处在快速增长期。然而，我国目前民间组织与发达的国家相比，比例还是偏小。清华大学NGO研究中心的研究成果显示，我国有近21%的社会组织活动涉及农村扶贫开发领域。尽管各种社会组织具有“能够深入基层，倾听最贫困的老百姓声音，了解到他们的需求；目标明确，机制灵活；创新性强，能将扶贫效力达到政府部门达不到或无法达到的广度和深度”等优势，也确实在扶贫开发工作中起到非常大的作用，但就目前社会组织与各类政府组织、官办机构之间的关系来看，社会组织仍然还是政府的从属，扮演着“助手”的角色，还远未成为扶贫治理体系的一极。

与此同时，社会和民间组织在扶贫脱贫中也同样面临着很多问题和困境需要克服和消除。正如《中国NGO扶贫研究报告》所说，社会组织参与扶贫开发仍然面临很多困境是：第一，资源动员有限，扶贫投入严重不足，导致扶贫效率及其专业化程度遭质疑。随着政策改善和社会发展，社会扶贫资源状况已经得到显著的改善，但是与快速增长的物价指数及生活需求相比，仍然供给严重不足。第二，企业和公众参与社会公益的文化氛围还远未形成，无法满足社会对社会组织日益增长且不断多元化、高质量的服务期望。第三，社会组织资金压力较大。80%的社会组织目前面临着“资金来源”方面困境。接近半数（46%）机构将“政府购买服务”排在了所需支持首位，“政府购买服务”（71%）被纳入社会组织所需支持前两位。只有不到一半接受过国内基金会资助，半数社会组织接受过企业捐赠，有三分之一的社会组织获得过政府资助。而由于国内政策的变化，受国际机构资助的社会组织数量下降，资金量在缩减，呈明显下降趋势。

综上所述，社会和民间组织在2020年如期脱贫目标任务的实现中和2020年后在减贫事业发展中，潜力巨大、作用明显，但也存在着很多问题，既有其自身发展的规范化问题，也有宏观环境的优化问题。因此，健全和完善公益扶贫的制度体系，倡导公益扶贫理念和创新公益扶贫方式，提升社会和民间组织在公益扶贫中的治理能力和水平，也同样是新时期我国扶贫脱贫重要任务之一。

四、促进社会和民间组织扶贫脱贫几点建议

第一，建构社会组织和民间参与扶贫攻坚的制度空间。为社会组织参与

扶贫攻坚构建相应的制度空间，一方面，从法律上加以明确；另一方面，从政策上给予倾斜。事实上，随着社会组织的发展，现有法制体系从某种程度上对社会组织参与扶贫攻坚是一种限制，存在诸多不合理之处，因此，应当重构社会组织参与扶贫攻坚的法律体制，完善有关法律、法规，促进社会组织参与扶贫攻坚。应尽快出台《社会组织法》，用法律的形式明确社会组织的地位、职能、组织机构等，规范社会组织运行，为社会组织合法权益提供法律保障。同时，扶贫部门应该配合出台、制定有关社会组织参与扶贫攻坚的相关部门规章，进一步明确社会组织参与扶贫攻坚的权利与义务，一方面，规范社会组织行为；另一方面，也能保障社会组织权利。此外，政府应在政策上给予优惠条件与扶持，为社会组织参与农村扶贫创建良好的政策环境。

第二，强化社会组织和民间组织扶贫治理能力。社会组织终究还是需要一定的能力来履行好有关职能，胜任扶贫攻坚相关工作。因此，加强社会组织的自身建设，是摆在各类社会组织面前的一个重要课题。其一，完善组织成员管理机制。一方面，提高社会组织成员的扶贫能力以及综合素质，使之成为扶贫工作的专业人才。另一方面，制定科学的激励机制、奖惩机制、薪酬制度等，为社会组织成员提供良好的福利待遇。并采取灵活的工作方式，以多样化的扶贫策略指导扶贫工作。其二，优化组织资金来源构成。虽然我国社会组织资金来源多元化，但是其构成比例不协调，社会捐赠比例较小，而政府财政所占比例较大。因此，社会组织在积极进行政府财政补贴的同时，也应积极采取多种方式吸纳与整合更多的社会捐赠。其三，提高组织的社会公信力。一方面，建立多样的监督形式，重点抓好组织的信息披露建设。保持畅通的信息发布渠道，做到组织信息公开透明，建立形式多样的监督机制。加强信息披露机制建设，对扶贫资金往来、扶贫业务开展情况、项目实施情况及时进行披露；同时，接受并处理公众对社会组织及其所设扶贫项目实施情况的监督。另一方面，打造具有特色的扶贫公益品牌，重点抓好组织的运营能力建设。社会组织的品牌作为一种标识，不仅代表有形的产品，也代表着无形的服务，是社会组织与捐赠者、支持者之间的相互承诺。拥有特色品牌，社会组织在宣传扶贫公益理念、整合公益资源、推动公益事业发展上就能够发挥四两拨千斤的作用。因此，打造公益品牌是形成社会组织核心竞争力的必要条件，是社会组织提高自身能力的核心任务。

第三，还需提升公众参与扶贫攻坚的意识与能力。公众普遍缺乏扶贫参与意识，使得目前我国公众参与扶贫攻坚呈现出精英化趋向。因此，应当为公众参与扶贫攻坚营造参与氛围、创造参与条件。社会大众也是推进社会组织参与扶贫的有生力量，能够放大社会组织在扶贫攻坚中的力量。促进公众积极了解与关注社会组织的扶贫行动，根据自身所面临的困境主动寻求相关社会组织的帮助，积极配合参与社会组织开展的扶贫行动，促进扶贫工作的顺利进行；积极参与社会监督，关注社会组织扶贫项目开展、资金使用等方面的情况，促使社会组织公开扶贫工作相关信息，谴责挪用、挤占慈善基金等不良行为。

构建片区脱贫与精准脱贫融合推进的新机制

（2016年6月国内外减贫热点专题评论）

2011年出台的《中国农村扶贫开发纲要（2011—2020年）》明确指出："把连片特困地区作为主战场。"纲要作为中长期的扶贫战略规划，既从战略上明确了片区攻坚的扶贫开发战略，又从制度设计上对连片特困地区给予了诸多保障，之后片区攻坚成为了扶贫开发工作的重要指导思想。党的"十八大"以后，"精准扶贫"被确定成为国家扶贫开发工作的新战略、新举措，其核心要义在于"要坚持因人因地施策，因贫困原因施策，因贫困类型施策，区别不同情况，做到对症下药、精准滴灌、靶向治疗，不搞大水漫灌、走马观花、大而化之"。那么"精准扶贫"与"片区攻坚"应该如何协调和融合？2015年，《关于打赢脱贫攻坚战的决定》提出了"坚持精准帮扶与集中连片特殊困难地区开发紧密结合"，对二者的关系和地位作了一定程度的明确，但如何实现二者具体关系的处理上面相结合呢？对此，我们认为就是要构建片区脱贫与精准脱贫融合推进有效机制，从而保障2020年如期脱贫。

一、片区脱贫取得明显成效但也面临严峻挑战

从实践上不难看出，片区攻坚成效还是明显的。一方面，片区攻坚充分利用和调动了18个部委的积极参与，从而形成了一种扶贫脱贫治理新体系，就部委出台的一系列支持政策来看，还是发挥了积极作用。从数据来看，2014年片区贫困人口下降幅度快于全国贫困地区平均水平，片区贫困人口的人均纯收入增速也明显高于其他贫困地区。以2014年片区攻坚监测数据为例，截至2014年底，14个集中连片特困地区贫困人口减少了3518万人，同比2013年下降623万人，降幅达15%，比全国平均快0.1个百分点。2014年片区贫困发生率为17.1%，比全国农村贫困发生率平均水平（7.2%）下降近10个百分点，比

2013年下降2.9个百分点。2014年片区农村居民人均可支配收入为6724元，比上年增加767元，增长12.9%，扣除价格变动因素，实际增长10.9%，比全国农村平均水平高1.7个百分点。片区脱贫取得显著成效的同时，也遇到了一些挑战和困难：第一，如何应对"经济新常态"下区域发展带动减贫效应渐削弱的问题？即经济增长速度放缓将会相应地降低减贫效应。第二，如何进一步提升片区扶贫脱贫攻坚的效率？数据显示，2011—2014年底，全国14个连片特困地区，仅有5个片区完成的投资超过规划备案总投资的50%。第三，如何科学合理解决新时期片区的多维贫困问题？即脱贫不仅仅是收入水平提高，还包括教育、健康、文化、可持续发展的扶贫对象自我发展能力和基本公共服务均等化等。第四，如何消解及克服支持政策精准度低的偏差问题？片区攻坚从整体上弥合了贫困地区和非贫困地区之间的贫富差距，但也造成了贫困地区内部，即片区与片区之间、片区内不同地区之间新的贫富差异和分化。从制度政策层面上来说，区域差异性未得到体现，导致可操作性不强。第五，如何在行政区划、条块分割体制下实现片区协调发展？一方面，是行政区划对片区攻坚的顺利推进有较为强烈的约束作用。另一方面，是条块分割的政策分离难以拟合，导致投资碎片化严重，虽然目前国务院出台了《关于支持贫困县开展统筹整合使用财政涉农资金试点的意见》，各地出台了一些有关扶贫项目、资金整合的新举措，但实际上，由于项目审计制度的存在，要打破片区攻坚的条块分割还任重道远。

二、构建片区脱贫与精准脱贫融合推进的新机制思考及建议

如前所述，2011年以来，片区内实施了大量的同质化、低精准度的反贫困治理手段，导致片区攻坚的一系列政策离预期的政策效果还有较大差距，大量的扶贫资金和资源也消耗在低水平的重复建设之中。因此，我们认为新阶段的片区攻坚需要与精准脱贫精准扶贫融合推进，在理论和实践上，都需引入精准脱贫精准扶贫新思维，重构片区攻坚的新机制。

第一，以区域发展为视角，提升片区定位精准度。一方面，根据不同片区区域发展的不同特点，划分不同区域发展单元，因地精准施策，精准打造区域发展的"增长极"（Growthpole）。"增长极"最大的功能在于其扩散作用，通过核心地区的高速发展，带动外围区域的技术进步、市场机制的完善、劳动就业的提升等等。把精准扶贫与整村推进、整乡推进结合起来，带动区域经济发

展。另一方面，进一步明确区域功能定位，明确不同主体功能区的扶贫攻坚支持政策，提升区域发展的精准度。

第二，以多维贫困为视角，提升减贫内涵精准度。不论是对个体的贫困还是群体、区域的贫困，理论界和实践界对于贫困的认识都经历了收入一维贫困到能力、权利、文化等多维贫困的变迁。根据多维贫困理论，无论是阿马蒂亚·森的“可行能力”理论，还是联合国开发计划署（UNDP）及2010年发布多维贫困指数（Multidimensional Poverty Index，MPI）取代单纯日均花费1美元作为旧标准都是基本共识。因此，从减贫效果的维度来看，片区攻坚不仅要解决单一维度的区域性经济问题，也要解决能力、权利、文化等多维贫困问题，重点至少应当关注四个维度的贫困：其一，经济维度。无论是传统的贫困理论还是多维贫困理论，经济维度都是衡量贫困程度的重要指标，片区攻坚仍然要立足片区区域经济发展、贫困人口的收入增加。其二，基础设施维度。基础设施直接关系到贫困人口的生活质量，也决定了贫困地区区域发展的水平和质量。其三，人力资本维度，重点在于教育、健康等具体领域。其四，市场机制维度。我国集中连片特困地区，大多是市场机制发育不健全的地区，有必要在这些过度依靠政府扶贫的区域中引入市场机制，将市场意识、市场化操作等方式引入到片区攻坚中、引入到区域发展中，把集中连片特困地区和整个市场连接起来，增强贫困地区的内生动力，培育连片特困地区的“内源发展”。

第三，以精准扶贫为视角，提升片区脱贫手段精准度。精准扶贫精准脱贫是打赢脱贫攻坚战的基本方略，从片区攻坚的具体工作机制和手段上来看，着重要实现以下几个方面的精准：其一，积极利用技术创新，实现片区攻坚的“精准识别和精准瞄准”。利用扶贫大数据平台和宏观经济数据监测平台，精准识别片区攻坚区域。其二，立足不同地域的实际状况，实现片区攻坚层面的“项目安排精准”。全国层面模糊化的一揽子片区攻坚项目和支持政策，注定只能是片区层面的“大水漫灌”。其三，建立各级扶贫开发资金项目整合管理平台，实现“资金使用精准”。在尊重条块分割体制的现实情况下，在制度上进行创新，成立资金项目整合管理平台，把中央专项扶贫资金、片区攻坚纲要资金、社会帮扶资金乃至相关涉农资金统一整合、统筹使用，减少低水平的重复建设，加强项目实施、资金使用的监理和监管，提高片区攻坚的资金使用效果。其四，创新片区考核评价机制，实现“考核评价精准”。应尽快建立健全片区内、县级层面可比的考核评价机制，依据贫困地区不同的主体定位功能和扶贫攻坚难度，设立相对差异化的指标。同时，也应积极探索片区攻坚的第三方评估机制。

第四，构建片区脱贫与精准脱贫融合推进的新机制。毋庸置疑，精准脱贫精准扶贫战略背景下的片区攻坚，需要引入精准扶贫思维、采取精准脱贫精准扶贫手段，更进一步提升片区攻坚的精准度。总的来看，精准扶贫的重点是片区，片区攻坚的手段是精准扶贫，二者需要融合推进，也需要建立片区攻坚与精准脱贫精准扶贫的新机制。首先，精准扶贫的重点在片区。其次，片区攻坚的手段是精准扶贫。在片区发展定位精准的基础上，从识别精准、项目安排精准、资金使用精准、考核评价精准四个重点方面进行提升，与此同时，考虑片区攻坚的可持续发展问题，还应从减贫的内容上提升精准度。最后，就是片区攻坚与精准脱贫精准扶贫应融合推进。作为新阶段扶贫开发的两大核心战略和基本路径，一定程度上说，片区攻坚与精准脱贫，互为手段与目的，前者更加注重区域发展带动减贫，后者强调直接面对贫困人口。二者只有相互衔接、深度耦合，才能发挥最大的减贫效应。

产业扶贫：实现2020年如期脱贫的主导路经

（2016年7月国内外减贫热点专题评论）

2015年中央扶贫工作会议、中共中央和国务院《关于打赢脱贫攻坚战的决定》和《中国国民经济和社会发展第十三个五年规划纲要》提出了“发展生产脱贫一批、易地扶贫搬迁脱贫一批、生态补偿脱贫一批、发展教育脱贫一批、社会保障兜底一批”等“五个一批”扶贫脱贫路径，其中发展生产脱贫起着越来越重要的作用。我们知道，易地扶贫搬迁需要有后期产业和就业来保障；发展教育最终也要通过参与产业发展和就业实现回报，发展生产脱贫就是产业扶贫。

一、产业扶贫：可持续性最强的脱贫方式和路径

我国30多年的减贫实践证明，产业扶贫是扶贫政策中可持续性最强、最根本、最有效的扶贫方式。扶贫政策之所以对产业扶贫特别倚重，在我看来，是由产业扶贫项目的特征决定的。对于一个农户来说，致贫因素有很多，可能与周边环境密切相关，但是如果想要脱贫，就必须要有产业或就业，否则就很难实现可持续的脱贫。具体来说，产业扶贫的可持续效应主要体现在以下三个方面：首先，收入的可持续性和就业的可持续性。产业发展能带动贫困区域的经济发展并以此带来经济收入和就业的持续性。有了就业持续性和稳定性保障，收入增长带来的脱贫效应就最明显，持续性也最强。其次，产业扶贫具有较强的市场竞争性，产业扶贫最大的效能就在于产业发展和成长能够提升市场竞争力，带来市场竞争优势。最后，产业扶贫规模效应大于分散性的农户经营效应。因此，产业扶贫是保证精准扶贫效率提升的重要保证，缺乏产业发展的精准扶贫，是一种短期脱贫，是没有生命力的，缺乏可持续性。实际上，产业扶贫也是过去扶贫开发经验重点抓的方式，对我国过去扶贫开发成就的取得发挥

了重要作用，也形成了诸多成功的经验。当然也有一些沉痛教训，但是总体上来说，解决现在3000万的贫困人口，还应主要依靠产业扶贫。在今后的脱贫攻坚过程中，产业扶贫必须担当起更大的责任。

二、绿色减贫：产业精准扶贫的发展方向和战略取向

产业扶贫在过去扶贫开发中发挥了重要的作用和贡献，毫无疑问，在未来打赢脱贫攻坚战的过程中也必将担当重要责任。但对于贫困地区和贫困人群来说，在产业发展的过程中，应该选择发展什么样的产业呢？是否要选择既符合自身发展脱贫需要，又符合未来社会经济发展方向呢？我们认为，贫困地区开展产业精准扶贫，首先要围绕脱贫目的，其次要符合社会经济发展方向，此外也要让企业能够可持续发展。从这样的角度出发，绿色、生态和低碳的产业扶贫模式，应该是贫困地区产业脱贫的方向和战略选择。对此，可能有人产生怀疑。因为过去传统的高投资、高消耗、高污染的工业发展模式是国内外经济发展的必然选择，一提到贫困地区发展产业，很多地方往往容易忽视绿色，集中表现在两种错误的倾向。一种是认为没有必要，认为贫困地区的生态环境好于城市和发达地区，不用担忧生态环境问题。这显然不是正确的想法。贫困地区的生态环境是贫困地区最突出的优势，如果连这个优势也失去了，那么贫困地区在整个社会经济发展中的吸引力更无法和城市或发达地区相比，所以在贫困地区开展新一轮的产业扶贫，决不能忽视绿色，走以前的老路。另外一种倾向是认为发展绿色产业无法带来快速脱贫和致富。传统的脱贫致富，都是收入增加和财富增加来摆脱贫困。但当很多地方富裕起来了，家庭小康了，但是环境健康却下降了，这是一种减贫和脱贫吗？是扶贫家庭的追求吗？显然不是！金山银山换不来绿水青山，但是追求绿水青山，将能带来金山银山。发展地方经济不能竭泽而渔，在贫困地区开展产业扶贫更是必须从绿色中发展价值，从绿色中提升价值，因为这才是最根本、最理想和最持久的脱贫方式。

绿色减贫是通过与自然生态环境体系和自然生产力紧密相融，将自然资源、经济资源和社会资源寓于绿色发展体系循环之中，并以此提升资源配置效率，进而获得经济效益、社会效益和生态效益的全面提升。产业扶贫注重绿色可持续所带来的减贫效应，不仅仅体现在收入的提高，同时还体现在环境、生态、文化等综合效应上。因此，效应影响范围更广，不仅局限在贫困地区，对于非贫困地区同样产生影响，如依靠自然环境开发的旅游扶贫，不仅使贫困人

口依靠旅游产业增加收入，也进一步能增强当地政府对环境和生态保护的积极性，同时，也让周边非贫困地区的人口能体验到良好的生态环境，真正达到了成效人人共享。在实践中，我国正在实施的易地搬迁扶贫、光伏产业扶贫、旅游扶贫、“互联网 + 扶贫”等实践和探索，都表现出令人瞩目的减贫效果和生态效益。以光伏扶贫为例，就是有效利用光伏发电产业对贫困地区、贫困人口进行精准扶贫的新型扶贫模式，通过对贫困地区和贫困家庭安装光伏电站的形式，既充分利用贫困地区丰富的光热资源，也开辟了贫困人口增收的新渠道。当前，中央正大力推进各项扶贫开发政策，力争到 2020 年消除现行贫困标准下的贫困人口，实现贫困地区整体脱贫。在经济新常态的背景下，尽管各级政府对贫困地区的投入和支持力度不断加大，但是也必须看到，剩下的贫困是更难啃的“硬骨头”。要打赢脱贫攻坚战、实现贫困地区的可持续发展，必须把产业扶贫和绿色发展理念相结合，在扶贫政策考核和扶贫项目监测中加强对绿色减贫的重视。贫困地区发展产业扶贫项目，要重视从生态效益角度进行事前的评估，农业发展要注重保护当地的资源环境，寻求经济增长、脱贫攻坚和生态环保等多重目标。未来的减贫道路中，融合绿色发展的产业扶贫模式会越来越重要。只有重视绿色减贫理念，大力推进贫困地区的产业绿色化、绿色产业化，才能更好地走出符合多方利益需求的特色减贫道路。总而言之，剔除工业化方式，在新形势下、在产业融合中必须注重低碳、循环、绿色经济标准，要千方百计地充分利用农业资源的自然生态价值和文化价值，并寻求和发现将生态价值和文化价值转化为经济价值和社会价值的产业创新的新路径和新方法。

三、产业扶贫关键：构建政府、企业和农民间良性互动关系

在改革开放后 30 多年的扶贫开发过程中，各地探索了很多产业扶贫项目，既积累了丰富的成功经验，也有许多失败的沉痛教训。其中产业扶贫中的企业、农民间利益冲突和矛盾，是产业扶贫项目失败的一个重要原因。其实在这中间，关键因素就是是否能够建立起良性稳定、互动互利的关系。我们知道，产业扶贫中所采用的企业化和资本化运作对扶贫脱贫和产业发展有很强的带动作用，但是有一个前提，那就是政府、企业和农民三方之间必须建立一个良性的互动关系。而这种良性互动关系，往往由于三方利益诉求不一致，不会自然而然达成，需要长期磨合理解达成共识，最终达成共赢。事实上，当一个企业进入到贫困地区后，当地政府、企业和农民之间甚至会面临一些矛盾。矛盾之

一，企业和农民之间利益分配问题。企业有资本、技术、市场、管理等优势，农民有劳动力、土地等资本要素，在产业扶贫过程中必须妥善处理企业和农民的利益分配问题。既不能太照顾企业，让农民挣得太少，也不能只强调企业社会责任，不重视企业的可持续盈利。矛盾之二，资源开发利用和生态环境保护。企业开发投资，往往看重的是当地的自然资源，而忽视对当地生态环境的保护，这方面关系如果处理不好，就会影响产业的可持续发展。矛盾之三，现代工业文化与传统农业文化也要有一个适应甚至冲突的过程。贫困地区的生计方式往往比较简单，在引入工业和现代文明之后，原有的农耕文明面临转型挑战。这些矛盾在新一轮的产业扶贫过程中都不同程度的存在，甚至在个别地区还会不同程度的放大。产业扶贫应该追求企业家和农民之间的关系融合程度不断提升，在这个过程中，政府扮演了重要的角色，可以说是企业和农民关系的催化剂，既可能有效引导和有序推动，也可能处理不好三方关系，让天平倾向某一方，导致合作出现矛盾冲突甚至分化和破裂。

在企业和农民的互动关系中，既存在正向反馈的可能，也存在负向反馈的可能。在正向的反馈关系中，企业是农民脱贫的重要推动力，农民是企业健康发展的重要支持力，而政府则扮演企业和农民关系的调和力。企业之所以愿意投入扶贫资金，是基于企业社会责任、本土化、企业形象和长久发展等方面的考虑；农民对企业的帮扶报以正反馈，包括为企业营造良好的舆论环境、在土地流转上予以支持和化解村企矛盾等等；政府在企业和农民关系中也起到了重要的调和作用，使企业的供给和农民的需求之间实现准确对接。

因此，在推进产业扶贫的过程中，要通过培育本土性等方式调动民营企业的扶贫积极性，引导利益在企业和农民之间合理进行第三次分配，构建起企业和农民之间的双向互动关系，从而为农民脱贫致富、企业健康发展以及生态可持续发展奠定良好基础。

四、产业扶贫四大核心点：益贫性、精准性、参与性和抵御风险性

未来的产业扶贫承负着历史性担当，与此同时，产业扶贫又确实面临着参与主体之间复杂矛盾问题的困难和困惑。那么，如何在新的脱贫攻坚战中发挥产业脱贫的作用和效果呢？我们认为应该特别注意四大关键点，即产业扶贫项

目的益贫性、精准性、参与性和风险防范意识。强调产业扶贫项目的益贫性是由脱贫攻坚的战略目标决定的。一个企业，如果参与国家的扶贫项目，利用国家的优惠政策，就必须应该承担相应的社会责任。这就要求产业扶贫项目要始终将核心放在脱贫上，应该以脱贫成绩作为产业扶贫最主要的衡量指标，因此在确定产业扶贫项目时，要看这个产业能不能切实有利于贫困人口和贫困村，要看利益分配机制是不是有利于减贫，要看给贫困人口带来好处的多少。只有发挥产业扶贫项目的益贫性，才能完成产业化扶贫项目应有的作用。

产业扶贫必须注重精准性。一方面是产业选择的精准性，即产业扶贫项目符合当地自然经济和社会条件，尤其是要注重区域特色产业，这样才能达到产业在市场上保持优势竞争力。另一方面就是产业扶贫对象的精准性，以往扶贫项目被人诟病之一就是扶贫项目“帮富不帮穷”，这种扶贫项目的逻辑必须在新一轮产业扶贫项目过程中予以高度重视。因此，产业扶贫项目的实施必须体现产业选择的精准性，体现区域特色的差异性，在产业选择上要科学合理确定符合贫困村和贫困户实际情况的产业项目，不给贫困户参与产业项目设置不合理门槛，减少产业扶贫资金的漏出，与此同时，产业扶贫要重点向贫困村和贫困户倾斜，产业扶贫项目必须注重参与性。

参与性是和精准帮扶是紧密联系在一起的，只有更广泛调动包括贫困户、村干部、新型经营主体等各方主体在管理、分配等重要关键环节的参与，才能让产业扶贫项目顺利运行，才能提高产业扶贫项目的扶贫效益和企业发展的效益，在这里尤其要强调农民的参与性，这一点往往容易被忽视。

最后，在贫困地区开展产业扶贫项目还必须注意风险性防御。由于农业要面临包括自然风险、市场风险、经营风险等多重风险，一些农业产业扶贫项目如果缺少风险防范机制，在经营失败之后可能会引发负面的示范效应，影响农民增收。也要注意产业扶贫项目治理结构缺陷所带来的风险，由于产权、利益分配、土地股份合作等复杂性，必须予以高度重视，要确保产业扶贫项目的顺利推进。这些风险，都有必要做好风险防范机制，避免产业扶贫项目不扶贫还伤农的现象出现。

发挥国土资源政策特殊作用，推动易地搬迁扶贫高效实现

（2016 年 8 月国内外减贫热点专题评论）

党和国家领导人高度重视易地搬迁脱贫工作，习近平总书记在视察宁夏和青海省工作时，专门考察易地搬迁扶贫提出“移民搬迁是脱贫攻坚的一种有效方式”“易地扶贫搬迁不仅要改善人居条件，更要实现可持续发展”。李克强总理批示“易地扶贫搬迁是打赢脱贫攻坚战、提升特困地区民生福祉的重点关键。要聚焦增强搬迁群众后续发展能力，创新思路机制，持续着力攻坚，确保实现精准扶贫、稳定脱贫”。汪洋副总理指出“把易地扶贫搬迁作为脱贫攻坚的‘当头炮’和重中之重，要按照‘理顺机制、明晰目标、守住底线、确保脱贫’要求积极稳妥推进，切实做到搬迁一户、脱贫一户”。

一、易地搬迁在精准脱贫中担当着重要使命

易地搬迁是精准扶贫精准脱贫“五个一批”重要路径之一。据有关专家预测，2020 年易地搬迁扶贫脱贫任务将在 1000 万人以上，规模大，同时，难度也大，因为易地搬迁面对的是“居住在生存条件恶劣、生态环境脆弱、自然灾害频发等地区的农村贫困人口”，因此，加快实施易地扶贫搬迁工程是一个非常艰巨的历史性任务。易地搬迁扶贫模式就是三个品牌之一，在扶贫脱贫中的作用非常明显。第一，易地搬迁是我国消除区域性贫困和改善生态环境而采取的重要战略行动，改变和缓解了生态区位差，生态环境脆弱特殊条件下区域贫困问题突出的矛盾。不仅实现了生态环境的保护，也达到了贫困人口脱贫目的，使贫困地区人口、资源、环境之间矛盾，生态问题与生存问题的矛盾得以化解。第二，探索出不同的易地搬迁扶贫模式。例如，根据我国过去 10 多年来

的实践经验，我国生态移民存在多种安置模式，如依托调整土地安置、依托产业结构调整安置、依托城镇集中安置、依托旅游资源开发安置等，努力实现其生产生活方式转型，提升可持续发展的能力。第三，易地搬迁扶贫方式在一定程度上减弱了代际贫困的传递链，通过易地搬迁改变了家庭代际贫困循环往复旧有体系，进入有利于生存发展的新环境，为贫困家庭新一代的生存能力和发展能力的提升提供了一定条件。第四，从易地搬迁的扶贫脱贫实际效果来看，易地搬迁贫困家庭的整体收入有显著提高，由于搬迁安置地方相对来说交通便利程度大大改善，信息比以前通畅，从而为搬迁家庭从事非农就业提供了条件。第五，易地扶贫搬迁是实现生态文明建设、绿色发展和共享发展理念的有力依托。将生产生活条件恶劣地区的贫困户整体搬离，实际上是对搬出地环境保护和生态修复的一种有效方式，直接作用于环境质量提升和生态文明建设。同时，易地扶贫搬迁通过土地利用空间布局调整和优化，为农业产业化和开展农村生态旅游提供环境基础，帮助贫困地区实现绿色发展的新路径。易地扶贫搬迁也是让贫困户共享改革发展成果、践行共享发展理念的实际体现。

二、国土资源政策在易地搬迁中发挥着特殊性作用

在易地搬迁实施过程中可能会遇到很多问题，诸如就业稳定性问题、产业发展问题、生活环境改变后适应性问题、实施易地搬迁资金问题和整个过程的组织监管等等很多问题，但如果仔细分析并系统考察就可以看出，国土资源政策是关键和核心，也就是说国土资源政策在易地搬迁中发挥着重要的特殊作用。这主要表现在：

第一，易地搬迁的迁出和迁入都需与土地有关，需要建设用地指标。国土资源部出台专项政策即“利用城乡建设用地增减挂钩政策支持易地扶贫搬迁”“在连片特困地区和国家扶贫开发工作重点县开展易地扶贫搬迁，允许将城乡建设用地增减挂钩指标在省域范围内使用”，这就为易地搬迁安置住房建设用地提供了优先可靠保障。

第二，通过增减挂钩政策为易地搬迁提供可贵的资金保障。可以说，易地搬迁最大制约因素就是搬迁费用和住房建设资金，尤其是对于贫困户来说，2016 年 2 月，国土资源部出台了《关于用好用活增减挂钩政策支持扶贫开发及易地扶贫搬迁工作的通知》提出“对贫困地区倾斜指标，并实行项目区分别管理，保障农民合法权益，要求按照钱随人走管理资金收益，有效期为 5 年”“集

中连片特困地区、国家扶贫开发工作重点县和开展易地扶贫搬迁的贫困老区开展增减挂钩的，可将增减挂钩节余指标在省域范围内流转使用”。增减挂钩节余指标在省域范围内流转使用预示着可以将指标进行交易，并将交易收入用于易地搬迁扶贫安置住房建设所需。据粗略估计，全国1000万贫困人口易地搬迁的最低资金需求量将在6000亿元以上，假如理应“通过增减挂钩节余指标在省域范围内流转使用”政策，那么将会在很大程度上弥补这一资金缺口和约束瓶颈。事实上在四川的巴中市和贵州以及国内出现了这方面的探索，并取得了良好的效果。

第三，通过土地整治提升和改善当地产业发展环境和基础设施条件，为脱贫提供良好的环境基础保障。实施易地扶贫搬迁过程中，国土资源部往往都采取土地整治项目给予配合实施，因此，贫困户人居环境和生活条件得到有效改善，村容村貌在统一规划设计基础上焕然一新，农田水利等生产性基础设施和生活条件更加便利，通路、通水、通网络等基本实现全覆盖，产业发展环境逐步完善。如迤那镇芙蓉新村共投入40余万元绿化房前屋后1000平方米，投入30余万元安装太阳能路灯40盏，投入50余万元实现村民户户通自来水，投入20余万元开通数字网络电视，修建防渗渠250米，修建田间道路250米，村民生产生活条件和产业发展环境明显改善。

第四，国土资源各种建设项目为易地搬迁后的贫困群众提供了就业机会和收入来源。在迁出区，安排旨在加强生态修复的土地整治项目，并及时复垦人口迁移后废弃的村庄用地；在迁入区，安排村庄整治项目，优先利用村内闲置土地和低效利用土地安置移民，加强配套公共服务设施建设，确保迁移人口享有与当地群众同等的基本公共服务。统筹考虑现有耕地利用情况，通过农用地整治项目特别是高标准基本农田建设项目，以集中连片整治增加有效耕地面积、提高耕地综合产能，确保迁移人口在第一产业内有业可就。灵活运用城乡建设用地增减挂钩政策，支持有条件的地方依托小城镇、工业园区安置搬迁群众，实现搬迁人口转移就业。

第五，国土资源地质灾害防治政策也大大助推了易地搬迁扶贫。以贵州省乌蒙山片区为例，该区域属典型喀斯特地形地貌，地质灾害隐患点多，贵州省国土资源部门在安排地质灾害治理项目时重点向贫困地区倾斜，2016年上半年支持国家扶贫开发工作重点县（包括乌蒙山片区、武陵山片区和滇桂黔石漠化片区）地质灾害治理项目104个，估算资金77764万元，将解除50017人受威胁群众的生命财产安全。

三、国土政策助推易地搬迁扶贫的创新模式效果明显

通过调研发现，国土资源系统在助推精准扶贫精准脱贫尤其是易地搬迁扶贫方面的创新政策效果非常明显。

第一，利用增减挂钩指标的跨域流转交易成功流转，有力加快了易地搬迁扶贫的进程和效果。2016年3月，巴中市与成都高新区就300公顷增减挂钩节余指标流转使用以每亩29.5万元价格达成协议，交易额达到13.28亿元，成为四川省和全国首例省域范围内流转使用存量增减挂钩指标的地区。2016年5月，贵州省增减挂钩节余指标流转交易平台上线运行，交易以三种方式分别进行：一是以毕节市—贵阳市、威宁县—贵安新区为代表的跨市易地省域交易，以每亩18万元的价格成交指标量2050亩，成交金额3.69亿元；二是以遵义市道真、正安、习水、绥阳4县为代表的跨县易地市域交易，以每亩18万元的价格成交指标量2000亩，成交金额3.60亿元；三是以瓮安县为代表的县域就地招拍挂出让交易，以起拍价格50万元/亩成交指标量2000亩，成交金额预计10亿元以上。通过易地搬迁所腾退的宅基地建设用地，利用省域或市域范围内的增减挂钩指标流转交易，在土地级差收益的基础上，为搬迁群众获得更高的收益，有效帮助困难群众脱贫致富。

第二，借助土地开发，将企业社会力量引入为搬迁后产业发展注入动力和活力。以贵州省威宁彝族回族苗族自治县迤那镇芙蓉王社区为例，该社区由原合心村元龙、石河、新营、新河、石桥5个村民小组联合组建而成，距迤那镇政府4公里，是湖南中烟集团响应国家“工业反哺农业，城市带动乡村”战略实施以工扶农和迤那镇开展精准扶贫“六个到村到户”的新农村建设示范点。芙蓉王社区新村建设总投资2740万元，其中湖南中烟集团投资1840万元，威宁县和迤那镇整合农村危房改造、生态文明家园建设资金100万元，整合烟水配套、烟路配套、农村安全饮水等基础设施建设资金800万元。芙蓉王社区是迤那烤烟基地核心单元，单元内有烤烟育苗大棚50个，供苗面积10000余亩；有占地面积9亩共60间烤房的烘烤工场，有农机具119台，服务1.5万亩烤烟种植土地。单元内组建了“三星烤烟专业合作社”，共有社员527户2266人。目前建有育苗专业队37人，服务面积1.8万亩；机耕专业队23人，服务面积1.5万亩；植保专业队10人，服务面积1.5万亩；烘烤专业队9人，服务面积1.2

万亩；分级专业队 26 人，服务面积 1.1 万亩。在此基础上，迤那烤烟种植逐步形成产业化、现代化的发展模式。

四、问题思考和建议

国土资源政策助推精准扶贫精准脱贫尤其是易地搬迁扶贫效果明显，但也存在着很多新问题、矛盾和困难，需要在实践中不断加以解决，特此提出如下建议：

第一，建议可尝试将增减挂钩指标省内流动扩展到对口支援省市之间进行跨省交易试点。在巴中和贵州增减挂钩指标交易经验的基础上，尝试将增减挂钩指标交易由市域和省域范畴扩展到跨省交易，具体而言，在优先保障省内建设用地指标需求的基础上，考虑将易地扶贫搬迁后节余的建设用地指标在对口帮扶的省市之间先行开展交易试点。当然，在此过程中需要注意：一是完善增减挂钩拆旧建新备案系统，实现拆旧地块和建新地块备案一体化，从技术和程序两方面消除障碍；二是保证复垦新增耕地的质量和持续经营，防止出现撂荒和低效利用现象；三是通过第三方评估确保增减挂钩指标交易的有效使用及收益返还农户。

第二，国土资源项目实施中可主动吸收扶贫系统的参与，扶贫系统也能主动提出贫困需求，从而进一步提升国土资源政策在扶贫开发和易地搬迁实施中的精准度和益贫性。易地扶贫搬迁存在较大的地区差异，搬迁人口和用地规模也各有不同，为使国土资源政策更有效服务于扶贫开发、助力易地扶贫搬迁和脱贫攻坚，国土资源部门出台实施涉及贫困地区的土地政策或项目时，应与扶贫系统加强沟通协调，提高国土资源政策益贫性和扶贫开发精准性，在相关业务融合的基础上，发挥国土资源部门在扶贫开发领域的最大效能。

第三，国土政策助力易地扶贫搬迁还需要其他部门给予充分联动和配合，尤其是在县级涉农资金整合方面给予创新试点支持配合，将会大大提升减贫效果。对易地扶贫搬迁进行先期规划，部门之间配合联动。易地扶贫搬迁应体现规划用地的精准需求，“十三五”全国易地扶贫搬迁规划方案已明确，对于列入易地扶贫搬迁的贫困村、贫困户进行详尽的易地扶贫搬迁规划是首要前提。脱贫攻坚责任主体部门之间应配合联动，政策的落实需要完整的链条相配套，发改、国土、扶贫、金融等部门须在政府主导下开展工作。

第四，国土政策在搬迁后农户产业发展中需要进行政策延伸。国土部门从用地政策、项目支持等方面对农村地区，特别是实施易地扶贫搬迁的地区予以支持，比如整治后土地出现撂荒，导致整治土地经济价值未能发挥。这与土地整治完成经相关部门验收之后跟国土部门无法继续跟进有关，因此，国土政策在搬迁后和土地整治后的农户产业发展中需要适当的政策延伸，保证土地的产业发展用途。

第五，加强国土资源政策与易地搬迁扶贫在模式创新、监管规范方面的案例研究。通过案例研究凝练品牌的经验总结，丰富和推进扶贫理论发展。我国扶贫开发实践中，各地都探索和创新了很多有特色的模式和方法，需进行认真总结、分析和研究，通过案例分析总结经验，并有选择性地进行推广应用。

绿色减贫、社会建设及共享发展之融合推进

（2016 年 9 月国内外减贫热点专题评论）

进入新时期，尤其是“十三五”阶段，摆在我国社会经济发展的几个重点大事情就是：其一，到 2020 年实现 5575 万贫困人口如期脱贫，平均每年需要 1115 多万人。显然，脱贫攻坚形势任务很艰巨，只有创新和转变扶贫开发思路和理念才有可能适应新时期和新形势，也只有创新和探索扶贫脱贫新方式和新路径才有可能战胜新挑战。其二，在经济新常态下，我国“十三五”期间要实现“创新、协调、绿色、开放和共享”五大发展理念新体系，发展必须在“创新、协调、绿色、开放和共享”中融合推进，不可偏废。创新是发展的基点、协调是发展的节奏、绿色是发展的底色、开放是发展的格局、共享是发展的目标和归宿。而在这中间，绿色发展和共享发展是其重要内容，绿色发展是核心位置，也是发展的基本路径和方式，也就是我国提出的“生态文明建设”的核心内容。

将绿色发展、生态文明建设与扶贫脱贫相结合就是走绿色减贫之路。而共享是发展的目标和归宿。应当说，“共享是中国特色社会主义的本质要求。坚持共享发展，必须坚持发展为了人民、发展依靠人民、发展成果由人民共享，作出更有效的制度安排，使全体人民在共建共享发展中有更多获得感，增强发展动力，增进人民团结，朝着共同富裕方向稳步前进”。因此，中共中央《关于制定国民经济和社会发展第十三个五年规划的建议》强调“按照人人参与、人人尽力、人人享有的要求，坚守底线、突出重点、完善制度、引导预期，注重机会公平，保障基本民生，实现全体人民共同迈入全面小康社会”，从这段话中就可以体现出共享发展与社会建设、社会治理有着密切联系，也就是说，共享发展的重点之一就是社会建设和社会治理新体系的构建。从上面的分析中就可以看出，绿色减贫、社会建设和共享发展之间的紧密联系，体现着“五大发

展理念”的基础、前提、目标归宿以及路径方式的关系。即共享发展是目标和归宿，而要实现共享发展就必须以生态文明建设和扶贫脱贫为前提，即绿色减贫为基础，与此同时，必须通过社会建设和社会治理路径和方式来最终实现。因此，“十三五”期间，我们必须走绿色减贫、社会建设和共享发展的融合推进的路子。

一、充分认识绿色减贫、社会建设与共享发展之间的关系和作用

充分认识绿色减贫、社会建设与共享发展之间的关系和作用，是推进绿色减贫、社会建设和共享发展融合的前提和关键，否则，将会造成关系混乱和作用职能上的错位，导致矛盾和冲突，影响绿色减贫社会建设和共享发展各自效果和总体效果，对此决不可忽视。

第一，绿色减贫不仅是扶贫开发实践决定的，也是全面建成小康社会内在要求，更是共享发展应有之义，因此，以绿色发展理念推进扶贫脱贫全过程。全面小康，重在“小康”，难在“全面”，难在贫困地区小康。“小康”讲的是发展水平，而“全面”讲的则是平衡性、协调性、可持续性。因此，必须考虑绿色减贫方式实现协调持续发展，建设全面协调发展的社会，切不可片面追求经济效益而忽视生态效益和社会效益。绿色减贫可释放贫困地区生态效益，让全国人民共享生态环境带来的积极效果。绿色减贫落脚点是贫困地区与非贫困地区的共同利益和整体利益，旨在促进个体与整体的共赢。由此可见，绿色减贫是共享发展的必然要求，体现了社会公平正义。实现绿色减贫的目标，这不仅是一个宏伟的关系民生改善的系统工程，更是一个让全民分享改革红利的宏伟计划。

第二，社会建设是绿色减贫和共享发展的必然要求，构建社会建设体系和提升社会治理能力是绿色减贫和共享发展体系最基本也是最基础力量。从绿色减贫指数和共享发展指数的测度和评价内容看，社会建设和社会治理是绿色减贫和共享发展的必然要求。从绿色减贫指数构成来看，社会建设即社会发展能力是绿色减贫的重要因素之一，也是绿色减贫四大维度之一。北京师范大学中国扶贫研究中心确定的中国绿色减贫指数中，绿色减贫指标体系由经济增长绿色度、资源利用与环境保护程度、社会发展能力和扶贫开发与减贫效果四大维度共 21 个指标构成，其中社会发展能力的权重为 28.57%，社会发展能力三

级指标主要包括了农村恩格尔系数、城乡收入比、新型合作医疗参合率、有卫生室行政村比例、新型农村养老参保率、高中阶段教育毛入学率等。在北京师范大学经济与资源管理研究院和中国扶贫研究中心联合课题组刚刚完成的“中国共享发展指数报告”中所构建的区域共享发展指数和城乡共享发展指数中，社会保障公平度指数和公共服务均等度指数成为五个衡量共享发展总指数的重要内容（其他分指数分别是经济发展分享度、生态环境共享度、扶贫脱贫实现度，目前这一成果即将发布）。总之，社会建设是绿色减贫和共享发展不可缺少的组成部分。

第三，共享发展既是贫困地区经济社会的需要，也是社会公平正义的体现。绿色减贫立足于我国贫困地区，从历史发展和自然环境特点出发，对革命老区、民族地区、边疆地的共同发展和东、中、西部的协调发展有积极促进作用。共享发展的核心就是以人为本，共建共享，体现公平公正正义的价值取向，共享要体现机会公平公正和过程的公平公正，最根本的是要体现在结果的共享。具体主要体现在：构建了两个层次、五个维度、涵盖十余个重要领域的中国共享发展指标体系。两个层次（努力兼顾指标的全面性、代表性、科学性、可得性）中国共享发展指数（25 个指标，是衡量一个地区共享发展水平的综合指数）和城乡共享发展指数（16 个指标，城乡共享发展是共享发展的一个重要分析视角）五个维度，其一，经济发展分享度（涵盖“缩小收入差距；促进就业创业”两个基本要求）；其二，社会保障公平度（涵盖“保障和改善民生；优化社会保障制度”两个基本要求）；其三，公共服务均等度（涵盖“推进基本公共服务均等化；提高教育水平”两个基本要求）；其四，减贫脱贫实现度（涵盖“抓好扶贫攻坚工作”基本要求）；其五，生态环境共享度（涵盖“科技创新与绿色发展”基本要求。覆盖了十多个领域包括：经济增长、收入与支出、就业、养老、健康、医疗、住房、教育、交通、科技、减贫脱贫、资源、环境等。

二、积极推进绿色减贫、社会建设和共享发展相融合

历经几十年艰苦奋斗，中国已成为全球第二大经济体，综合国力大幅提升，人民生活水平、居民收入水平、社会保障水平持续提高。同时也要看到，处于全面建成小康社会决胜阶段的中国，依然面临贫富差距较大、区域发展不平衡、公共产品供给不均、部分群众生活比较困难等各类问题和矛盾。贫困是

世界性难题，而脱贫是全面建成小康社会的“最后一公里”。努力实现脱贫致富，让人民共享更多改革红利，把各个地区、民族、群体都纳入发展框架中，共同参与、共同付出，共同受益，是落实共享发展的具体体现。为此，我们建议：

第一，树立“绿色化”的发展理念。推进绿色减贫，首先要从经济发展的主观意识上有所改变。要彻底抛弃“宁要金山银山，不要绿水青山”“竭泽而渔”和“唯GDP论英雄”等不符合可持续发展观念的经济增长理念。只有秉持“绿水青山就是金山银山”的理念，把绿色发展、循环发展、低碳发展作为地方和企业可持续发展的基本途径，意识到绿水青山胜过金山银山，才能真正从扶贫过程中将“绿色化”放到突出重要的位置，才能在扶贫开发中不断融入工业化、城镇化、信息化和农业现代化各方面的内容。

第二，坚持以人为本、全民共享的原则。推进绿色减贫必须把贫困地区贫困人口的利益放在第一位，不断满足贫困人口的现实需求，促进贫困地区的全面发展、共享发展。共享必须坚持共建原则，做到人人参与，人人尽力，人人享有。贫困人口是实现自身脱贫致富的主体和关键，贯彻落实共享发展理念要求扶贫脱贫工作必须充分发挥贫困人口的积极性和创造性，激发贫困地区的内生动力。在扶贫脱贫过程中通过注入新元素、重视民本民生、坚持长效管理，把智慧城市、海绵城市、无障碍城市等新理念、新技术融入贫困地区发展当中，有效化解“出行难”，攻克“饮水难”，缓解“就医难”，疏解“就学难”等问题，从贫困地区贫困人口切身利益出发，积极参与并分享经济社会发展的成果。

第三，增强社会扶贫力量。实现绿色减贫与共享发展的融合，必须动员社会各方面力量参与扶贫开发。要进一步动员社会各方面力量参与扶贫开发。鼓励民营企业积极承担社会责任，大力倡导民营企业通过资源开发、产业培育、市场开拓、村企共建等多种形式到贫困地区投资兴业、培训技能、吸纳就业、捐资助贫，参与扶贫开发，发挥辐射和带动作用；支持社会团体、基金会、民办非企业单位等各类组织积极从事扶贫开发事业，鼓励其参与社会扶贫资源动员、配置和使用等环节，建设充满活力的社会组织参与扶贫机制；积极倡导“我为人人、人人为我”的全民公益理念，畅通社会各阶层交流交融、互帮互助的渠道，引导广大社会成员和港澳同胞、台湾同胞、华侨及海外人士通过爱心捐赠、志愿服务、结对帮扶等多种形式参与扶贫等。

从贫困地区的社会经济综合发展情况来看，伴随我国国民经济创新发展、协调发展、绿色发展、开放发展、共享发展的新态势，贫困地区的发展逐渐摆脱过去传统粗放型发展方式，摒弃“唯GDP”的发展观念，转变单一的发展模式。共享是人类对理想社会的美好追求，是社会主义的真谛，也是中国特色社会主义的本质要求。在我们即将全面建成小康社会的关键时刻，贫困地区如何共享发展不仅体现在共享发展成果上，更应该重视贫困地区在我国经济社会发展过程中的重要作用，尤其是贫困地区在生态建设、社会建设方面的作用，绝不能忽视或者否认贫困地区为整个经济社会发展所做的贡献。我国已经进入脱贫攻坚的关键时期，要形成以贫困地区为基地、以绿色减贫为依托的“多元融合、广泛参与、共建共享”的发展态势，为实现全面建成小康社会的目标而努力奋斗。

东西扶贫协作，助力 2020 年如期脱贫
——闽宁模式的启示

（2016 年第 10 月国内外减贫热点专题评论）

当前我国贫困已经进入脱贫攻坚的关键时刻，贫困地区如何实现良性发展、共享社会主义发展成果，成为亟待解决的问题。1996 年党中央、国务院做出决策，让东南沿海 13 个较发达的省市，协作帮扶西部 10 个较贫困的省区，自此拉开了我国东西扶贫协作的序幕。过去 20 年间，“闽宁模式”“滇沪模式”“粤桂模式”“浙川模式”等东西扶贫协作典型模式不断涌现，为我国扶贫事业发挥了积极作用，也为下一步我国脱贫攻坚、全面建成小康社会和实现共享发展提供了成功经验。尤其是闽宁模式在当前脱贫攻坚战中的样板示范作用更为明显。

一、20 年艰难探索的成功模式：闽宁模式

永宁县闽宁镇行政区域面积 210 平方公里，有 6 个行政村 77 个村民小组，8870 户村民 4.4 万人。东西合作 20 年间，闽宁镇各项社会事业都有了长足的发展，人均纯收入由 2011 年的 3549 元增长至 2015 年的 10350 元，群众生产生活条件明显改善，脱贫致富能力显著增强。如果考察和分析闽宁模式的艰难探索历程和特点，显然，这种东西协作发展的扶贫模式与诸如“滇沪模式”“粤桂模式”“浙川模式”等有着不同特色。归纳起来主要是：

第一，产业转移发展与东西联动的特色产业扶贫创新，结合永宁地区特点培育“新产业”。闽宁镇原隆村引进青岛昌盛光伏企业，开工建设 200 兆瓦光伏发电和 588 栋光伏大棚，开展花卉、黑枸杞、中草药、菌菇、茶叶等种植和蝎子养殖，让移民在家门口见识了新农业学到了新技术。实施的菌菇承包种植

项目，已有6户移民承包种植，预计每棚年产值7.5万元，解决移民就业的同时，起到示范带动效应。采用水肥一体化高效节水灌溉模式，示范种植优质红树莓1000亩，成活率高达98%，预计盛果期年产值达1000万元以上，可为周边千余名移民提供就业机会。木兰村木兰红枸杞合作社带动群众种植枸杞600多亩，亩均收入8000元。武河村财富源养殖合作社引进长毛兔种兔500多只，已经稳定生长，周边群众也表现出极大兴趣，这将成为移民致富的新项目。2011年起，将生态移民安置与菌草产业有机结合，在闽宁镇武河村菌草示范园区建设菌棚50栋，引进宁夏锐森源农业技术开发公司开展食用菌种植，配齐了温棚种植的全套设备，2015年，种植菌菇35栋，生产季节每天用工10人，2015年已经发放工资20多万元，每栋收益可达6万元左右。

引导和调动有养殖经验的农户，发展牛羊养殖。实施“散户养殖、整村推进”项目，从2012年开始，对有养殖基础且养殖牛5头、羊30只的家庭，整合资金近1000万元，进行养殖环境提升，至今发展庭院养殖4个村，改造圈舍553栋；建成宁夏壹泰牧业万头肉牛养殖基地及金顺友养殖基地，对武河、园艺、福宁3个养殖园区进行补栏，规划实施了园艺村万亩草畜基地，补齐了“公司+基地+农户”的养殖要素，尤其是壹泰牧业和金顺友公司承担起了引领技术的作用，成功注册“闽宁镇牛羊肉”清真品牌3个，正式开展电商和市区直销点品牌化运营，为开拓市场奠定了基础。

“建园区”“转劳务”承接东部产业转移。东部发达地区为西部提供技术与智力支持，西部地区提供园区和劳务，实现顺利承接。规划面积4200亩的闽宁扶贫产业园，一期基础设施建设全面完成，入驻福建亚通创新材料有限公司、福建亚通管业水科技公司、宁夏牧乐机械有限公司、宁夏瀛海天耀编织袋厂、南安青川管业及中汇天颐生物科技有限公司6家企业，投产后将有效解决闽宁镇移民的就业问题。针对闽宁镇移民家庭人口多、文化程度低、技能缺乏等特点，依托农村劳动力中长期培训和“阳光工程”，累计举办培训班150多期，培训各类人员9500多人；培育劳务派遣公司11家，劳务经济人56人，有组织地输出务工人员从2010年的2000人增加到2015年的9026人，务工地点也由区内务工发展到周边省区。现人均劳务收入11430元，最高收入达到10万元以上。劳务收入已经成为闽宁镇移民收入的主要来源，占到收入的70%以上。

第二，整乡推进与城镇化建设同步推进的新型城镇化扶贫发展新模式，整体推进与扶贫融入城乡一体化的新型城镇化来推进。闽宁镇区是镇域经济发展的核心区域，近年来，镇区发展速度在不断加快，各项公共服务设施及市政基础设施不断完善，城镇的集聚优势逐步显现，城乡发展一体化是根本途径，组织引导农村富余劳动力和返乡农民工参与基础设施建设和农业产业化经营，打造以工促农、以城带乡、工农互惠、城乡一体的新型城乡关系。闽宁镇作为全区整乡推进示范乡之一，已实现“五通八有”目标任务。2015 年修编完成闽宁镇总体规划（2013—2030 年）和新镇区规划，完成原隆村、福宁村 2 个闽南风情和回族特色相融合的民族特色村寨建设，提升了建设标准；完成 10 万平方米特色街区和老镇区 101 户回乡风情民居改造；完成新老镇区生态绿化工程、贺兰山东麓闽宁镇境内 15 公里防洪堤砌护和总库容 80 万立方米的水库建设；乡村建设日益完善。同时，新建闽宁幼儿园、原隆村小学、原隆村幼儿园，基本解决闽宁地区幼儿教育“入学难”问题；新建闽宁镇卫生院住院部，解决移民“住院难”问题。闽宁镇积极探索生态移民与城镇建设相结合之路，力争改变城乡二元结构，缩小城乡差距，逐步向镇区或镇区周边集居，产生集聚效应，形成“要素增强—规模增加—经济增长”的移民模式，这种模式不但有利于移民的脱贫致富，而且可以带动移民安置区的市场化、文明化、现代化水平，使农村逐步融入城镇。同时移民安置区富余劳动力可以转向城镇的生产、加工、销售等二、三产业之中，解决他们的长远发展生计问题，让移民真正住得下、留得住、过得好，从而促进城镇的发展。

第三，积极探索综合性扶贫脱贫的道路和模式。即整体性和多维减贫—东西扶贫协作中的整体性、全面性脱贫目标和做法是创新脱贫方式、促进全方位脱贫的关键环节和重要保证。实现贫困地区的脱贫，是一项系统性工程，涉及经济、医疗、教育、环境等方方面面，尤其是现阶段全面建成小康社会条件下的贫困退出更是要求从单一维度脱贫转变为多维脱贫。闽宁模式的突出特点就是，东西扶贫协作是在各级党委和政府的重视和领导下，以政府部门层层结对子、企业合作、民众广泛参与为主要方式，开展以基础设施建设、劳动力培训与转移、企业产业化和规模化、文化教育多样化等多方面内容的扶贫开发，也是“多层次、多渠道、多形式的经济技术合作。”东西扶贫协作所涉及的不仅是资金、技术领域，而且还包括经济、科教、卫生等多个领域，旨在从全方位进行扶贫脱贫。

第四，东西协作从扶贫脱贫走向协作、合作和共同发展的创新性模式。也成为参与“一带一路”尤其是“丝绸之路经济带”发展倡议的重要支撑力量。

东西协作并不单纯是东部地区的单项资本、人才等的输入，更重要的是东西在资源、人才、资金、技术等方面撰写新型合作、共同发展模式的创新过程。如果说开始阶段的单项输入是必要和主导型重点的话，随着东西协作内容的扩大和加深，经济合作发展程度渐次升级、共同发展的新型市场化发展模式也将会在各个领域加深，并形成新时期东西协作共同、共享发展的新阶段。“一带一路”国家发展战略中，西部地区的重点是参与“丝绸之路经济带”，但西部是“丝绸之路经济带”国内建设和发展的重点，需要在短时间内强化自身的贫困问题的减弱即扶贫脱贫，进而推动沿线的扶贫脱贫国际合作。而东西协作不仅是丝绸之路经济带国内建设发展的重要内容，同时也是东部地区参与的重要过程。

第五，采取生态移民、生态保护和产业扶贫相结合—即绿色减贫理念的成功实践。闽宁镇是实施移民较早、规模较大的地区之一，早期实施的是传统吊庄移民（生存移民），及移民在搬迁时迁入地和迁出地都有土地和住房，采取两头有家，来往自由的形式，待移民点开发相对成熟，生产生活基本稳定后再全部搬迁。传统吊庄移民过多关注如何解决移民的经济收入和温饱问题，采取“游农”的生产方式，由于不懂生态环境科学，对保护生态环境的意义缺乏认识，造成了大面积土地荒漠化，对迁入地和迁出地的生态环境产生了一定的影响。2002 年前后，国家非西部地区开展异地扶贫搬迁试点工程，实行有目的、有组织的移民整体搬迁，闽宁通过实施生态移民安置工作，以闽宁村为中心，对分散的移民进行集中，合理规划村镇布局，科学布置改善创造条件。闽宁镇由于受大陆干旱气候的影响，土地盐碱化和市政管网，严格要求施工质量，同时维修、整治河渠，保证搬迁移民的生产生活和环境质量。针对此种情况，闽宁镇制定了“一年规划，分年实施”的处理原则，实施水利工程改良措施，清挖支、斗、农沟，形成通畅的排水网络；实施农业改良措施，种植绿肥、培肥地力，形成高标准农田，改善农业生态环境。我中心近年来正在着力“绿色减贫”方面研究，闽宁镇将生态移民、环境治理、土地可持续利用有机结合起来，与“绿色减贫”的理念不谋而合。

无论是开展花卉、黑枸杞、中草药、菌菇、茶叶等种植和蝎子养殖产业，还是大力发展的光伏产业等等都是绿色产业扶贫模式的成功探索。不同的是，闽宁模式中更是东西协作开展绿色减贫的成功案例，很值得推广和借鉴。

二、“闽宁模式”对东西扶贫协作的启示

习近平总书记在 2016 年 7 月 20 日主持东西部扶贫协作座谈会时强调，做好新形势下东西部扶贫协作和对口支援工作，是如期打赢全面脱贫攻坚战、是实现“第一个百年奋斗”目标的必然要求，是推动区域协调发展、协同发展、共同发展的大战略，是加强区域合作、优化产业布局、拓展对内对外开放新空间的大布局，是实现先富帮后富、最终实现共同富裕目标的大举措，是深入实施西部大开发战略、培育新的经济增长点、拓展我国经济发展空间的战略选择，是我国实施互利共赢开放战略、发展全方位对外开放格局的重要部署，是加强民族团结、维护祖国统一、确保边疆地区长治久安的迫切要求。

第一，东西扶贫协作是具有中国特色扶贫脱贫治理体系的重要内容。也是支持和帮助西部贫困地区摆脱贫困的重要路径，更是实现共享发展理念的最好体现，创造了中国道路、中国扶贫脱贫的大国经验。东西扶贫协作是通过动员、组织东部沿海省市对西部欠发达地区提供资金、技术人才等多方面援助为基础，以经济协作为主要手段，促使西部贫困地区经济社会全面发展和贫困人口脱贫致富为根本目的的一种特殊的区域发展政策，是党和国家为“消灭贫困，实现共同富裕”所作出的一项战略举措。这一战略目标在本质上決定了东西扶贫协作与其他经济协作的不完全相同。从词义的表面上理解，“扶贫”就是扶持帮助落后地区及贫困人口摆脱贫穷落后，实现经济社会快速发展，这也是东西扶贫协作的战略目标。“协作”则是实现这一战略目标的一种手段或途径，即要求参与扶贫协作的各方都要以脱贫致富为目标，充分发挥参与方的比较优势，加强双方合作，从而促进贫困人口的自我发展及贫困地区经济社会生活的良性发展。

第二，东西协作是实现区域经济均衡发展的重要路径之一。中国区域经济发展经过了东部率先改革开放和超前性发展的非均衡区域发展战略型启动，从而带动了中国区域经济增长中东部发展上的制度、政策改革试点和增长、发展上的快速化推进，并因此为非东部经济增长的制度设计和政策制定探索出了一条经验，正是经过了近 20 多年的区域非均衡增长上的规模化和量化增长性发展，从而才带动了国家财政上转移支付能力提升，进而支持西部经济发展的基础条件，而东西协作就是在区域非均衡增长的合理范围下，国家及时启动均衡发展政策和制度设计的重要手段之一。东西协作是区域均衡发展的重要路径。

实践证明，当经济社会发展的非均衡增长到一定阶段之后，必须走向均衡增长的新阶段，而且，中外实践也早已证明了区域间强弱配置格局的总效率往往低于区域间强强配置的总效果。我们目前正是走向强强配置前的东西协作过渡阶段。

第三，东西扶贫协作是实现优势互补、互惠互利、共享发展的必要条件。东部沿海较发达地区在技术人才、资金、市场信息等方面拥有西部贫困地区无法企及的优势，但是却面临着资源能源匮乏、劳动力严重短缺，市场饱和和潜力小等困境；西部贫困地区幅员辽阔，自然资源能源储量丰富，劳动力低廉，市场潜力大，国家基础设施建设的投资重点逐步向西部倾斜等优势，但是缺乏经济社会发展所需的资金、技术人才、信息及先进的理念。此外，通过开展东西扶贫协作，使发达地区地方政府无法获益，甚至影响到自身的利益，那么这项工作就无法有效持续开展下去。通过东西扶贫协作，合作双方都能得到发展，经济落后地区摆脱贫困，增强了经济实力，促进了本地经济的发展；支援方以较低的成本扩张了企业规模，又开发了经济落后地区的市场，各得其所、相得益彰。东西部扶贫协作，以东部发展优势弥补西部发展短板，以东部先发优势促进西部后发崛起，变“输血式扶贫”为“造血式扶贫”，不仅成为缩短东西部差距的加速器，更激活了西部自身发展的内生动力，充分彰显了我们的政治优势和制度优势。

第四，东西协作是新时期（经济新常态下），去产能、去库存、去杠杆、促进创新拉动、产业转移拉动、提升效果效率的重要机遇。相对于东部地区的经济增长速度快带来的负面影响和危害来说，西部地区无论从资源开发程度、环境条件的恶化深度以及带来的自然经济社会发展要素配置浪费严重、产品剩余相比较，西部贫困地区正处在一个资源开发程度不高、环境较好、投资需求旺盛、人力资源和人力资本仍然短缺的时期，东西协作将会在去产能、去库存、去杠杆、促进创新拉动、产业转移拉动、提升效果效率的重要机遇。假如对“十三五”期间脱贫攻坚的基础设施和公共服务建设、危房改造和易地搬迁等三大领域工程的可能投资进行测算分析，估计全国三大工程所需投入应在 2 万亿元左右。这样大的投资规模，将会带动相关行业的拉动作用，对水泥、钢材、石料、细砂等估计其消化产能 14 亿吨左右、4000 万吨左右、45 亿吨和 20 亿吨左右；这些工程将可能带来当地的总用工量应该接近 19 亿，这就相应会创造大约 474 万个工作机会，由此工程而带来的直接收入预计将增加 2943 亿元，从而拉动个人消费预计将在 2195 亿元以上。可见其作用和影响还是很大的。

三、进一步凝练“闽宁模式”，积极推动东西扶贫协作扶贫的思考

以完善国家扶贫战略和政策体系为依托，创新东西扶贫协作机制国家扶贫战略是国家发展战略的重要组成部分，扶贫政策体系是实现国家扶贫开发战略目标的重要依托。新阶段国家面临扶贫对象规模大，相对贫困问题凸显，“贫困地区特别是集中连片特殊困难地区发展相对滞后”的贫困现状，扶贫开发任务依然十分艰巨。要更好地解决贫困地区的温饱问题，缩小区域差距，东西扶贫协作应以完善国家扶贫战略和政策体系为依托，创新和完善东西对口扶贫协作体制机制。一方面，建立和完善稳定的东西扶贫协作和对口支援投入机制，以责任建设为主线建立和完善东西扶贫协作和对口支援投入机制。另一方面，建立健全东西扶贫协作和对口支援的组织机构。随着专项扶贫、行业扶贫和社会扶贫“大扶贫”新局面，东西扶贫协作和对口支援须建立健全对口扶贫协作的组织结构和体系，为各种力量参与扶贫开发提供政策保障和支持。与此同时，就是要建立健全东西扶贫协作和对口支援的工作机制，完善扶贫协作双方定期互访机制。东西协作的中国特色和闽宁模式成功探索，为国际减贫模式提供了可以参考的案例，但对此我们还需要认真地思考以下几个问题：第一，东西协作模式到 2020 年后是否还要长期稳定的实施，假如要继续推进，在重点方向上应该如何转变，应怎样解决扶贫协作和发展的协作。第二，闽宁模式是否可在国际扶贫交流合作中向适合的国家和地区推广。第三，东西协作扶贫作为贫困治理和区域发展的“双协作”模式的理论研究上是否有新的发现，这也必将对 2020 年后的中国减贫战略研究有一定的参考价值，等等。对此进行系列深入研究和探索对中国减贫理论和贫困治理理论和实践都是很有意义的。

当前扶贫脱贫的新特点和需注意的新问题

（2016年第11月国内外减贫热点专题评论）

扶贫脱贫攻坚战引发了全党和全社会积极参与热潮，国家各部委纷纷制定了参与和助推精准扶贫精准脱贫的各项政策，社会各界也加入到了扶贫脱贫攻坚战的方方面面，可以说，历史上最大规模的中国特色反贫困行动将因此而载入史册。

一、新时期扶贫脱贫新特点新变化

若将目前的扶贫脱贫与2015年的扶贫脱贫相比较，显然，有几个明显新变化和新特点：第一，以国家政府为先导的打赢脱贫攻坚战全面打响，不同区域间精准扶贫精准脱贫不平衡性差异已经开始明显减弱，这主要表现在：其一，示范县乡、镇村与非示范县、乡、镇村的明显差异性开始逐渐减弱和降低，非示范乡镇村的扶贫脱贫力度、项目、资金和驻村帮扶等也全部到位，改变了以前示范与非示范之间巨大的差异。其二，将扶贫脱贫作为第一民生工程和主要工作给予高度重视已经从个别省份扩展到22个省市自治区，尽管仍然存在着区域间的差异和发展的不平衡性，但总体上来说，扶贫脱贫作为头等大事给予了高度重视。其三，东中西之间的扶贫脱贫进度、规模等差异开始缩小。

第二，以考核为引领的精准扶贫精准脱贫机制开始有效运转并发挥了重要指挥棒作用。今年以来，以考核督查和第三方评估为重要工作的制度体系、指标体系、标准等逐步在全国开始实施，从而在一定程度上为项目精准、资金精准、措施精准和脱贫成效精准提供了基础和制度性保障，大大推动了精准扶贫精准脱贫的速度和进程，也为金融扶贫机制、社会扶贫机制、财政资金扶贫管理等提供了良好的基础性保障。

第三，以国家部委为龙头的行业支持片区规划实施的推进速度不断加快并取得了明显成效。表现在：其一，在“十二五”期间，《片区区域发展与扶贫攻坚规划》项目投资和重大工程实现了与“十三五”国家规划、行业规划和地方规划有效对接，尤其是行业规划对接，对省市和片区扶贫脱贫作用相当明显。其二，国家部委制定的各类助力扶贫行动增多、助推力度明显加大。例如：健康扶贫、旅游扶贫、农业产业化扶贫、国土资源扶贫、交通扶贫、证券保险扶贫等等都制定了行动规划和政策措施。

第四，社会扶贫、东西协作、对口支援包括企业扶贫和社会组织扶贫等，形成了历史上从未有过的社会化扶贫大格局。

第五，脱贫计划比以前更加接近和符合实际。在此之前，个别省为了能有好的成效和表现，提出全省 2017 年全部脱贫，之后三年是巩固阶段，应当说这种做法是可以理解的，但难免出现为了提前完成任务，给市县逐级下达硬性指标，隐藏着可能出现虚假脱贫的可能性。

可以说中国扶贫脱贫是世界历史上从未有过的一项最伟大的历史性工程，也是中国历史上的一次伟大行动，必将载入史册。

二、当前扶贫脱贫中需要注意的几个问题和思考

尽管 2016 年以来的扶贫脱贫取得了巨大成就，但在这一伟大的历史性进程中，也出现一些新问题、新矛盾，促使我们一些新思考。第一，各种资源短时间内集中化融入贫困地区的县、乡镇和村后，资源分配管理、机制和职责等遇到新问题和新矛盾，例如：不同领域的驻村帮扶干部与贫困乡镇村干部之间的权力职责划分问题。目前的帮扶资金增多，但却没有帮扶项目，出现了资金与项目间的错位、缺口和不平衡，需要防止闲置和浪费现象发生，对此，需要加以注意并尽快制定相应的办法和措施。第二，个别取得出现帮扶过程中更加偏向和偏好于短期性见效快项目，可能会影响扶贫脱贫可持续性，埋下了返贫潜在隐患。据调查，个别地区为了完成考核任务而出现一些短期性脱贫帮扶措施和行为，缺少对产业选择论证，导致了一定损失，出现了脱贫效果进步不明显，反而加重了贫困。精准性、参与性、易贫性和风险性问题依然存在。第三，扶贫脱贫目标追求与区域自然社会经济的可持续发展问题值得足够重视。也就是说，扶贫脱贫的目标要与生态文明、资源节约、资源友好的和谐社会建设、绿色发展理念相一致，为实现绿水青山就是金山银山奠定基础保障。第四，扶贫脱贫的外力拉动推动力不断增大，但是，如何解决好内在动力机制和

主体性参与和能动性刺激作用之间出现了新的失衡。外力拉动如此强大，已经大大超过了内源动力培育生成，不平衡的结果就是等靠要现象和行为泛滥，对此需要引起各地区高度重视。第五，贫困村之间出现新的不平衡和新矛盾，需要尽快研究相应的对策。由于扶贫脱贫力度加大，个别地方出现了贫困村与非贫困村之间反向差距出现，即出现贫困村发展速度和经济社会发展条件包括收入、住房、基础设施和公共服务等已经超过了非贫困村，从而，导致农村新矛盾出现。出现了越贫困，越能获得更多支持的偏差。尤其是对于一些因不劳动而贫穷家庭帮扶过度的偏产和表象。不仅没有起到扶贫脱贫的初衷，反而导致相反的导向作用。由以上也引起了我们三个方面思考：第一，如何从扶贫脱贫专项贫困治理机制新转换上来下功夫，将扶贫脱贫新方向结合起来——注重长远性和可持性贫困治理机制创新。第二，如何从总结中国精准扶贫精准脱贫实践经验中总结提炼出中国减贫的理论体系。第三，如何处理我国扶贫脱贫的政策、制度和法律之间的关系，避免政策过度、制度缺失和法律不健全造成的扶贫脱贫秩序紊乱的现象。显然，政策过多、过大，而自身的短期性和随意性特点很容易导致新矛盾。因此，必须从扶贫政策转向建立扶贫制度体系，然后再提升到法律的高度，形成扶贫脱贫的政策、制度和法律完整规范的体系。

脱贫攻坚创新实践成效有待检验

（2016年第12月国内外减贫热点专题评论）

习近平总书记在2017年到来之际发表的新年贺词中专门向奋战在脱贫攻坚一线的同志们致敬，他指出“小康路上一个都不能掉队！一年来，又有1000多万贫困人口实现了脱贫，奋战在脱贫攻坚一线的同志们辛苦了，我向同志们致敬”，“新年之际，我最牵挂的还是困难群众，他们吃得怎么样、住得怎么样，能不能过好新年、过好春节。我也了解，部分群众在就业、子女教育、就医、住房等方面还面临一些困难，不断解决好这些问题是党和政府义不容辞的责任。全党全社会要继续关心和帮助贫困人口和有困难的群众，让改革发展成果惠及更多群众，让人民生活更加幸福美满。上下同欲者胜。只要我们13亿多人民和衷共济，只要我们党永远同人民站在一起，大家撸起袖子加油干，我们就一定能够走好我们这一代人的长征路”。习总书记连续四年都在新年贺词中专门提及脱贫攻坚，其战略意义可见一斑。

一、2016年脱贫攻坚开门红——预计全年减贫1000万以上

2016年是我国扶贫开发历史上具有里程碑意义的重要一年。国务院扶贫办主任刘永富在2016年12月20日召开的全国扶贫开发工作会议表示“十三五”脱贫攻坚首战告捷，“2016年全年减少1000万以上农村贫困人口的任务可以超额完成”。实践表明，我国2016年扶贫开发实现“开门红”。开门红首先“红”在脱贫攻坚战有了纲领性文件和顶层设计方向指引。中共中央和国务院制定的“《关于打赢脱贫攻坚战的决定》，确定了脱贫攻坚战的目标任务、指导思想，以及实现这一战略目标的路径、重点和措施。而《“十三五”脱贫攻坚规划》则是落实《中共中央国务院关于打赢脱贫攻坚战的决定》的具体行动，主要阐明“十三五”时期国家脱贫攻坚总体思路、基本目标、主要任务和重大举

措，是指导各地脱贫攻坚工作的行动指南，是各有关方面制定相关扶贫专项规划的重要依据。而10个《决定》配套文件和101个政策文件包含了产业扶贫、易地搬迁扶贫、劳务输出扶贫、交通扶贫、水利扶贫、教育扶贫、国土扶贫、科技扶贫、健康扶贫、金融扶贫、社会保障与扶贫相结合等政策指点和措施路径。其次，"红"在全党全社会关注扶贫达到历史最高水平。2016年扶贫工作重视程度之高、政策举措之实、工作力度之大都前所未有，在广度、深度和精准度上都达到了新的水平。2016年国家各部委和各省出台支持脱贫攻坚战和精准扶贫精准脱贫的政策也是历史上从未有过的，扶贫资金投入、社会各界参与扶贫脱贫的程度也是前所未有的历史创新纪录。据不完全统计，2016年中央和省级财政专项扶贫资金首次突破1000亿元，其中中央为667亿元，同比增长43.4%；省级超过400亿元，同比增长50%以上，扶贫投入力度空前。据统计估算，2016年全国有320个中央国家单位和21992个民营企业参与脱贫帮扶，形成了政府社会和市场相结合的大扶贫新格局。再次，"红"在扶贫脱贫的目标基本可以实现年初的1000万以上任务。这1000万脱贫人口是在经过了全面核查"精准性"基础上取得的。据悉，2016年，全国动员近200万人开展建档立卡"回头看"，进村入户摸底排查，共剔除识别不准人口929万，补录贫困人口807万，识别精准度进一步提高，对象精准程度的提升保障了扶贫脱贫效果和脱贫目标任务完成的精准性实现。

二、考核评估督查巡查和第三方评估：开门红的重要保障

伴随全党全社会对扶贫脱贫攻坚战的高度重视，人们普遍关注和担心会出现"数字脱贫、虚假脱贫"现象和行为产生，也担心扶贫脱贫是否会演变成"运动式"的扶贫脱贫即"扶贫脱贫运动"，这种担心不无道理，在个别地区也曾出现过，假如不及时剔除、杜绝和防范，不仅严重影响扶贫脱贫的效果，而且将会严重破坏党和国家的声誉，损害是极其巨大的。为此，在全党全社会打赢脱贫攻坚战的前后，中央及国家有关部门就会同国务院扶贫办制定了一系列贫困县党政领导考核机制、贫困县约束机制、脱贫考核机制等一系列的标准、制度和组织管理规定，如2016年2月《省级党委和政府扶贫开发工作成效考核办法》出台，各省（自治区、直辖市）党委和政府，对照国务院扶贫开发领导小组审定的年度减贫计划，就工作进展情况和取得成效形成总结报告，报送国务院扶贫开发领导小组。2016年4月《关于建立贫困退出机制的意见》建立严

格、规范、透明的贫困退出机制，促进贫困人口、贫困村、贫困县在2020年以前有序退出，确保如期实现脱贫攻坚目标。2016年10月《脱贫攻坚责任制实施办法》出台，按照中央统筹、省负总责、市县抓落实的工作机制，构建责任清晰、各负其责、合力攻坚的责任体系。2016年还实施了督查制度和第三方评估制度，这些制度和机制的建立，在一定程度上减少和避免了“数字脱贫”“虚假脱贫”发生机率，从制度层面保障了脱贫的精准性和精准程度，所以说，2016年完成1000万贫困人口脱贫数据是有保障的，有很强的可信度和社会认可度的制度基础。

三、继续强化脱贫督查考核和评估力度：责任重大

打赢脱贫攻坚战使命光荣，任务艰巨，来不得半点马虎和轻视，更不能存在虚假、隐瞒和欺骗现象及行为，这就不仅需要不断完善脱贫攻坚政策的精准性，政策实施效果评估的全面性、科学性，再考核的内容、指标、标准体系上更加科学性、客观性和全面综合性。而且要有效组织、管理和应用考核、督查和评估的结果，促进和推动脱贫攻坚目标的实现，与此同时，也要从建立中国可持续性减贫战略、高效规范的贫困治理体系和贫困治理现代化目标奠定基础。为此建议：第一，考核范围适当扩大。贫困县考核制度和考核机制不仅仅要考核省级党政主要领导干部，还要考核贫困县主要党政领导干部，不仅要考核贫困县和贫困地区的扶贫脱贫工作，还要包括集中连片特殊困难地区的规划实施效果考核和联席牵头部委的考核，也要制定定点扶贫考核和东西协作考核制度体系，与此同时要制定老少边境和民族地区的扶贫脱贫考核机制和制度，可喜的是国务院扶贫办对此已经进行了部署，2017年将开展东西部扶贫协作考核，采取交叉考核的方式，重点考核减贫成效、劳务协作、产业合作、人才支援、资金支持情况，也将开展中央单位定点扶贫工作考核，采取各牵头部门分类考核的办法进行。2016年12月《关于进一步加强东西部扶贫协作工作的指导意见》出台。第二，考核内容进一步完善。扶贫脱贫考核一定要将过程考核与结果考核相结合，避免单方面进行过程考核而忽视结果考核，造成贫困治理和脱贫任务目标无法实现的弊端，减少只注重结果考核和而忽视过程考核导致短期脱贫行为产生，出现返贫现象严重缺乏可持续性的行为现象。第三，考核评估标准的全面性和准确性。扶贫脱贫不仅要考核评估其对象精准、项目精准、资金精准、帮扶精准和脱贫精准的具体行动和效果上，而且要在注重去收

入提升基础上，更重要的是要依照“两不愁、三保障”的标准全面进行衡量测评和考核。为此，需要在标准上更加全面科学和符合实际，片面地收入减贫不完全代表和体现 2020 年脱贫目标的真实意图。第四，考核督查评估机制的改进、完善和创新。目前的考核督查和评估采取了自查、省内考核评估、国务院组织的督查和第三方评估做法，应该说实施思路和实施过程都处于探索试验阶段，取得了一定的效果，考核作用已经显现，但不可避免也存在着一些问题和新矛盾，需要加以重视并尽快克服和解决，否则，带来的负面影响将会直接给脱贫攻坚造成长远的损害。考核督查的力度要加大，避免形式主义。督查要做到有目的、有督促检查的效果，评估则要客观全面和科学。考核评估机制要考虑效果的持续性，减少这种短期化扶贫和类似弄虚作假的做法。一方面要注重考核、督查和评估之间的区别，另一方面也要把考核、督查和评估严格区分和合理分工。要在参与考核督查和评估的组织构成、参与性方面更加科学，在第三方评估方面更加注重独立性和公平参与性，防止单一性评估自身专业缺陷和偏差导致评估过程和评估结果上的偏差，多学科多领域多机构的平等参与竞争也同样是保障贫困考核督查和评估客观公正的重要内容。

后　记

从事扶贫研究10多年时间里，有很多收获和体验，有些已专著出版，有些议论文发表，还有些因为时间问题就仍然还在电脑里。纯粹将2013——2016年每月撰写的评论出版，还是第一次。在出版之际，还是要感谢很多领导、专家和同事。

首先感谢多年以来在扶贫脱贫研究中给予指导的国务院扶贫办刘永富主任和专家咨询委员会范小建主任，以及国务院扶贫办欧清平副主任、洪天云副主任以及综合司苏国霞司长、全国扶贫宣传教育中心黄承伟主任、规划司郭建军副司长、杨练副司长、信息中心的王小林副主任、国际中心左常升主任、何晓军原副主任、张广平副主任、扶贫发展中心陈武明主任、陈畅飞副主任等。还要感谢中国国际扶贫中心王大军处长、刘胜安处长、张德亮副主任、赵佳副处长、中国扶贫发展中心的罗朝正处长等。感谢一直以来给予扶贫调研支持的贵州省扶贫办叶韬主任、甘肃省扶贫办任燕顺主任、陕西省扶贫办梁振思副主任、杨向岭总农艺师以及云南省扶贫办、四川省扶贫办等。感谢几年来给予指导的李实教授、李小云教授、汪三贵教授、吴国宝教授、孙久文教授、王晓毅研究员、雷明教授、左停教授等。

感谢经济与资源管理研究院关成华院长、李晓西名誉院长对扶贫研究的重视和支持，也感谢北师大经资院和中国扶贫研究院全体老师、同学的支持！更要感谢我们团队的施发启高级统计师、宋涛副教授、万君讲师以及2013——2016年在读的所有博士硕士研究生们，一起共同学习和研究经历，尤其是与年轻学子一起学习和讨论中，目睹和见证了他们一个个成长成才并成为对国家社会有用的人才，感到很是欣慰和骄傲，祝愿他们为国家建成小康社会目标取得更大更多成绩。

感谢经济日报出版社杨崾编辑辛勤劳动！

由于知识水平有限，错误在所难免，敬请批评指正！

张　琦

2017年4月18日于北师大